利用者視点の交通政策

人口減少・低成長下時代をいかに生きるか

松野由希

勁草書房

まえがき

　この 10 年は 2009 年の民主党政権発足にともない高速道路無料化が議論され，交通をテーマとした政策転換が次々と行われた激変期でもあった。2010 年高速道路無料化，2011 年東日本大震災への対応，2009 年以降のタクシーの規制変更，2016 年 Uber の参入といった大規模な政策転換があった。もちろん，それ以外にも 2012 年高速ツアーバスの事故を発端とした貸切バスの規制強化，2013 年民活空港運営法による 2016 年仙台空港・新関西国際空港の公設民営，地域交通を考えるための 2013 年の交通政策基本法の策定などさまざまな変化があった。

　本書では上記 4 つのテーマについて，政策実施の前後でどのような変化があったのか，どのような政策を目指すべきなのかについて検討を行った。交通政策の目的は効率と公正の達成にあるという考え方から，利用者視点の交通について検討を行った。本書は法政大学政策創造研究科に提出した博士論文を加筆・修正したものである。全体のフローチャートは次ページの図にある。

　さて，2018 年 10 月現在，タクシー規制を取り巻く状況は，規制緩和から規制強化の状態が続く。東京では，景気安定と 2017 年 1 月 30 日に初乗距離短縮運賃 410 円施策（1.052 km）が導入されたこともあり，輸送人員，輸送収入ともに微増傾向にある（2017 年は前年比で輸送人員が 3.61%，輸送収入が 1.61% と増加（一般社団法人東京ハイヤー・タクシー協会 2018）。昨今の好景気の影響を考慮する必要があるが，この増加傾向はたいへん興味深い。これまでのタクシー規制の強化の議論においては供給者の視点がいつも重視されていて，そのことをいつもおかしいと感じていた。今回，初乗距離短縮運賃が 410 円となり，少しの距離を利用したいという利用者のニーズを取り込んだ施策が取り入れられた。そのことはとても良いことであると思うし，さらなる料金の弾力化に向けた取り組みが必要であると考える。

　タクシーには運送引き受け義務があるということで公共交通として規制を課

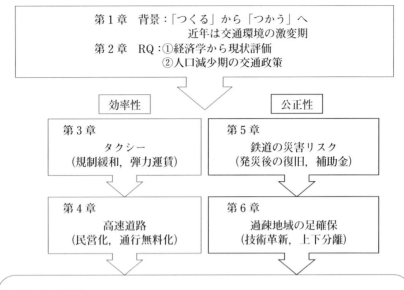

すことが正当化されている。運送引き受け義務について考えてみよう。幼子を抱えた母親とサラリーマンが道端に立っていたとすると，流しのタクシーはサラリーマンを優先して乗せていく。母親がサラリーマンよりも前に立っていたとしても，気づかぬふりをしてさっと通り過ぎる。早朝，雨の日に無線センターに電話をしても電話はつながらない。電話がつながったとしても車がありませんと配車を断られる。台風や大雪のときには駅のタクシー乗り場に長蛇の列ができる。近距離であることを告げると明らかに不機嫌に振る舞う運転手がいる。義務はあるけれども，では利用者が求めている状態に応えられているのだろうか。利用者が求めている必要度を価格シグナルで表明することについてもっと検討してもいいのではないだろうか。利用者視点に立った政策展開を行う

ことで利用拡大が図れるのではないか。そうした常日頃抱えている問題意識の
もと分析を行ってきた。

　私がタクシー政策に興味を持つようになったきっかけは，ある研究会で太田
和博先生（専修大学）にお会いした際に，日本にはタクシー政策を議論する場
がない，ついては東京ハイヤー・タクシー協会主催のタクシー政策研究会を発
足するので，メンバーに加わらないかとお声がけいただいたことにある。こん
な何も知らない私で恐縮ですが何とか勉強させてください，との思いで参加さ
せていただいた。研究会に参加して初めて，事業者の思い，役所の思いを生で
聞くことができてその内容に衝撃を受けた。これが黒川和美先生のおっしゃっ
ていたレント・シーキングなのだと。本書でも述べているが，そこに利用者の
視点はほとんど入っていなかった。供給者側の視点で政策を決めて行って良い
のだろうか。

　日本でタクシー業界を重視した政策をとっているときに，海外ではスマホア
プリを利用したライドシェアの Uber，Grab，GO-JEK が爆発的な利用を遂げ
ている。自動運転技術の開発競争も相まって，GAFA（Google，Apple，Face-
book，Amazon）を含む IT 企業，自動車会社もまじえた企業間の攻防が繰り
広げられている。

　宮崎に住む私の父は引退して中国旅行を楽しんでいる。その際のまちなかの
移動はスマホアプリを利用したライドシェアである。宮崎でゆっくりと生活し
てまもなく 70 になろうとする父に，「こんなよかもんが，なして日本にないと
ね（こんな便利なものがどうして日本にないのだろうか），東京のえらい人た
ちはなんしちょっとかね（タクシー政策に携わる人たちは何をしているのだろ
うか）」と言われた。この言葉は本当にショックだった。そうした内容につい
て第 3 章・第 6 章でみている。

　運輸政策研究所に在籍していた 2006 年から 2009 年に，交通インフラの整備
財源をどのように確保していくべきかという問題意識からドイツとフランスの
交通整備財源の国際比較を行っていた。

　ドイツとフランスでは交通整備のための特定財源が設けられ，自動車交通に
よる混雑解消に対して公共交通への投資が必要という考えから，交通整備財源
の一定割合を公共交通への投資に配分している（詳細は松野（2010a）参照）。

日本では 2009 年に道路特定財源制度が廃止され，揮発油税が一般財源化された。受益を受ける利用者が走行する財源で道路を作るという特定財源制度には合理性がある。一方で特定財源制度があるから道路を作り続けるのだという考え方もある。さらには，日本では鉄道が独立採算原則で成り立ってきていたことから，鉄道に対する税金投入への理解があまりなされない。そうした問題について考えなくてはならないと思っていたところに高速道路の無料化議論が沸き起こった。必要な交通整備のための財源確保について考えなくてはならないのに，特定のモードの無料化が議論になるとはいかがかと強く思った。

愛媛県のフェリー会社にヒアリングした際には，高速道路の料金優遇政策が続いてそのうち無料化では，将来展望が描けず同業者が次々と廃業，または新造船を諦めるとの意見があった。災害が多い日本ではフェリー輸送が被災地支援に重要な役割を果たすこともある。輸送特性に応じた交通体系を作っていくことを考えて行かなくてはならないのに，何か一つのモードを政策的に優遇するというのは非常に問題である，そうした問題意識から第 4 章を書いた。

2011 年の東日本大震災の発生はショックであった。テレビで見る被災地の様子は想像を遥かに超えて悲惨な状況だった。何度か被災地にも足を運び，その被害の状況に言葉を失った。移動手段を持たない旅行者にとって地域を移動するためには，鉄道，バスといった公共交通で移動することが必要になる。こうした鉄道であるが，ひとたび自然災害によって被災してしまうと，廃線が議論になってしまう。他の交通モードであれば速やかな災害復旧が期待できるのに，自立採算での運営が前提となっている鉄道だけがその利用可能性について厳しく問われる。そうした問題について議論をしたいと考えて第 5 章をみた。

人口減少・低成長時代には交通利用の減少が予測される。限られた資源を有益に活用して利用者目線に立った交通を促進し豊かな社会を築いていくことができることを願っている。その際に経済学の知見を踏まえて交通政策デザインの再構築をしていくことが必要であると考えている。

2018 年 11 月

松野　由希

目　　次

まえがき

第1章　人口減少・低成長下時代の交通政策 ……………………… 3

第1節　交通政策の目的とは　3

第2節　交通問題の現状と政策　5

2.1　計画的に行われてきた交通インフラ整備　5

2.2　事業者保護的な交通行政　12

2.3　交通問題に対する政治的な介入　14

第3節　交通問題の現状と政策に関する先行研究　15

3.1　交通政策の全体像について　15

3.2　自由化・規制緩和の観点　17

3.3　利用可能性の観点から　19

3.4　地域交通再生の観点から　20

第2章　なぜ交通政策を研究するのか ………………………………21

第1節　効率と公正の達成　21

第2節　リサーチクエスチョン　23

第3節　分析の内容　24

3.1　対象とするイベント　24

3.2　具体的な分析内容　24

第4節　利用者の定義　26

第5節　利用者視点に関する先行研究　27

5.1　タクシー事業における規制緩和の観点　27

5.2　高速道路における混雑課金・無料化の観点　30

5.3　鉄道事業におけるリスクファイナンスの観点　32

vi 目　次

第6節　陸上交通を取り巻く自由化の進展　33

6.1　自由化の背景　33

6.2　鉄道における自由化の進展　35

6.3　道路における自由化の進展　36

6.4　タクシーにおける自由化の進展　37

第7節　経済学的な手法による交通サービスへのアプローチ　39

7.1　公共財としての交通サービス　39

7.2　社会的規制と経済的規制　42

第8節　最適な交通手段を目指して　45

8.1　輸送機関の特性比較　45

8.2　輸送機関の輸送能力　46

8.3　都市間交通の分担率の実態　46

8.4　最適な交通手段を目指すために　47

第9節　交通事業者による交通サービスの新展開　48

9.1　利用者視点の交通政策が求められる背景　48

9.2　利用者重視の交通事業者の創意工夫　48

9.3　交通手段の連携や接続の改善による利便性の向上　51

9.4　利用者視点の交通政策の必要性　52

小括　53

第3章　タクシーの弾力運賃 ……………………………………55

第1節　タクシーとは　56

1.1　タクシーの概要　56

1.2　タクシー規制の経緯　58

1.3　事業者の運賃変更の内容　66

1.4　規制緩和による運賃の変化　67

1.5　タクシー運賃の変化が市場に与えた影響　69

1.6　タクシーの規制緩和が進まない状況　80

第2節　需要関数の推定　85

2.1　モデルと説明変数　85

目　次　　　　　　vii

2.2　全国の分析結果　87

2.3　地域別分析結果　88

2.4　第2節のまとめ　90

第3節　供給側の市場構造　91

3.1　供給側の状況　91

3.2　モデルと説明変数　93

3.3　分析結果　96

3.4　第3節のまとめ　97

小括　97

第4章　高速道路の無料化 ……………………………………………99

第1節　高速道路とは　100

1.1　高速道路整備制度の概要　100

1.2　高速道路の整備の優先順位　103

1.3　高速道路整備財源方式の考え方　104

1.4　道路公団の民営化によって期待されていること　107

1.5　利便増進事業の割引　108

1.6　高速道路無料化　110

1.7　政府による検討の方向性　112

1.8　価格弾力性に基づく価格づけ　112

第2節　無料化の影響（全体）　114

2.1　国土交通省の検証結果　114

2.2　高速道路無料化への影響（個別区間について）　115

2.3　公式統計・発表による把握　120

第3節　他の交通機関への無料化の影響　122

3.1　他の交通機関への影響に関する把握の仕方　122

3.2　分析1：経年的なトレンドの把握　122

3.3　分析2：各交通機関の需要関数推定　123

3.4　経年的なトレンドの結果　124

3.5　第3節のまとめ　127

小括　128

第5章　鉄道の災害リスク　131

第1節　鉄道の災害復旧とは　132
　1.1　鉄道の被災時の復旧　132
　1.2　鉄道災害復旧の概要と経緯　133
第2節　アンケートの内容と結果の概要　136
　2.1　アンケートの内容　136
　2.2　付保状況の概要　136
第3節　仮説とモデルの説明　138
　3.1　付保行動を決定する要因　138
　3.2　付保行動についての検討　139
　3.3　モデルと説明変数　141
　3.4　分析結果　142
小括　144

第6章　地域交通の活性化　147

第1節　地域交通の現状と地域交通を支える政策の経緯　148
第2節　京丹後で始まった自家用有償運送の取り組み　150
　2.1　京丹後における自家用有償運送　150
　2.2　自家用有償運送の導入の経緯　150
　2.3　ライドシェアのメリット　154
　2.4　ライドシェアが信頼を獲得していくために　155
第3節　京丹後で行われている鉄道の上下分離とまちづくり　156
　3.1　北近畿タンゴ鉄道の上下分離　156
　3.2　WILLER TRAINS 社の鉄道事業を通じた沿線地域の活性化　157
　3.3　WILLER TRAINS 社が提案している価値とは　158
第4節　課題の提示　159
　4.1　既存事業者の反対　159
　4.2　地方交通線問題への対応　160

目　次　　　ix

　4.3　交通インフラの優先順位　161

　4.4　冗長性の考え方　162

　4.5　都市と交通の関係　163

小括　164

第7章　利用者視点の交通政策 ……………………………………165

第1節　自由化の進展　165

第2節　リサーチクエスチョンへの答え　166

　2.1　交通問題の現状と政策に対する知見　166

　2.2　タクシーの弾力運賃におけるリサーチクエスチョンの答え　166

　2.3　高速道路の無料化におけるリサーチクエスチョンの答え　168

　2.4　鉄道の災害リスクにおけるリサーチクエスチョンの答え　169

　2.5　地域交通の活性化におけるリサーチクエスチョンの答え　170

第3節　政策提言と今後の課題　171

　3.1　全体としての政策提言　171

　3.2　個別モードにおける政策提言　172

　3.3　課題と今後の展望　174

参考文献 ……………………………………………………………177

謝　　辞 ……………………………………………………………187

索　　引 ……………………………………………………………189

利用者視点の交通政策
──人口減少・低成長下時代をいかに生きるか──

第1章　人口減少・低成長下時代の交通政策

第1節　交通政策の目的とは

　地域が魅力的であり続けるためには交通網の充実が欠かせない。交通需要は派生需要であるので，地域が豊かで住みやすくあるためには，交通網もそれに合わせて充実していることが求められる。この交通網の充実とは，ハードとしてインフラ整備がなされていて利用可能であることと，利用者の目的に応じてさまざまな交通サービスが提供されているということである。交通網が充実していて便利であれば，ますますその地域における経済活動が活発になっていく。例えば，先に赤字覚悟で鉄道路線をひき，宅地開発によって交通経営を成り立たせるという開発利益の還元の考え方がある。交通事業単体では赤字であっても，交通機関が持つ外部性によって地域が発展し，地域全体の利便性確保や競争力維持につながる。そうした考え方によって，採算性としては赤字の交通機関の重要性が改めて認識される。将来を見据えて交通投資が行われ，交通が維持され，地域の人々の移動機会が確保されなくてはならない。このように地域活性化のために交通は必要不可欠である。

　では，その交通政策の目的とはどのようなものであろうか。岡野（1992）によれば，交通政策の目的は，効率と公正の達成にあり（第1章3.1参照），本書でもその両者の達成が重要であると考えている。その2つの目的の達成について，利用者目線から考えていきたい。

　交通網の充実を維持・実現していく際には，利用者目線での交通という視点が不可欠である。しかしながら，現実には利用者目線というよりは，どちらかというと供給者目線での政策展開が行われる傾向にある。なぜなら交通網にはネットワーク外部性があり，交通インフラには公共財的な性格や公益事業としての側面がある。そのため，交通インフラ整備については公的財源による計画的な整備が行われ，交通行政については保護的な許認可行政が行われる傾向に

ある。

　供給者目線に立った交通政策を続けていけば，全国一律のインフラ整備がなされ，硬直的な管理によって，地域の実情に即したマネジメントやセールスの視点の欠如といったさまざまな弊害が生まれる。立派な交通インフラがあっても高い料金によって使われなかったりする。交通の運賃・料金は総括原価方式によって決定されることが多いが，総括原価方式は，利潤も含めて費用を回収するという考えに基づいて運賃・料金を算定しており，経済学の議論とは何の関わりも持たないものである（第1章3.2参照）。供給者目線で縦割り行政によって整備がなされてきたから交通手段間調整の視点も欠けている（第1章2.1参照）。

　近年において，技術革新は進展している。高速道路の ETC や，地理情報システムを活かしたスマホアプリによる自動車の配送サービスや，自動運転など，著しい技術進歩に対して，高速道路の料金設定方式も，タクシーの価格規制も対応することができていない。こうした技術進歩の果実を利用者が享受することができるような制度設計にしていくことが求められる。

　交通の需要者側に目を転じると，少子化の進展による影響が著しい。第一次ベビーブーム（1947〜1949年）には約270万人/年，第二次ベビーブーム（1971〜1974年）には200万人/年だった出生数は，2016年には98万人/年と100万人を割る状況になっている（厚生労働省2016）。こうした少子化によって交通機関の利用減と収入減は，インフラの維持管理や交通事業運営に深刻な悪影響をもたらす。利用者の視点に立った交通事業運営を行っていくことによって，利用減の程度をくいとめる必要がある。

　そこで，本書では，利用者視点に立った交通政策が実施されているのかという問題意識に基づく分析を行っていきたい。人口減少・低成長時代において，「つくる」から「つかう」発想の転換について考えていきたい。そして，人口減少・低成長下にはどのような形の公的関与（規制や財政支援など）のあり方が望ましいかについて検討を行う。まずは，交通政策の歴史的経緯について確認しながら，その現状と課題を捉える。

第2節　交通問題の現状と政策

　第1章第1節でも述べたとおり，交通網の充実には，ハードとしてインフラ整備がなされていることと，利用者の目的に応じてさまざまな交通モードが選択できる，すなわちさまざまな交通事業が提供されているという2つの観点がある。ここではインフラ整備と交通行政という2つの観点について概観しながら，交通問題の現状を説明していきたい。

2.1　計画的に行われてきた交通インフラ整備

2.1.1　交通インフラ整備の経緯

　まず，交通インフラ整備においては，計画的に整備し，経済発展を進めていこうとする考え方をもとにインフラ整備がなされてきた。大規模な交通インフラを整備するためには巨額の財源も必要であった。そのため，経済計画と合わせて国土計画と道路，鉄道（新幹線），空港，港湾などのインフラ整備計画が策定されてきた。インフラ整備の歴史的な経緯について，土木学会編（1991）をもとに以下にみる。

　道路については昔からある道を活かしながら整備がなされてきた。1952年に「道路法」の全面改正，有料道路制度を規定した「道路整備特別措置法」が成立した。1954年に第1次道路整備五箇年計画が策定された。高速道路の建設は，1957年の国土開発縦貫自動車道の制定によって始まるのだが，1956年に来日したワトキンス調査団によると，「日本に道路はない。道路予定地があるだけだ」と述べるほど，劣悪な道路状況であった。その後11次にわたる五箇年計画が積み重ねられ，新道路整備五箇年計画（1998年度から2002年度）が策定された。

　鉄道については，新橋・横浜間に鉄道が開業した1872年がスタートの年となっている。鉄道は収益性が高かったことから民間の鉄道建設ブームが続いた。しかし，幹線鉄道は国家の基盤であるとの主張が強まり，私鉄の幹線鉄道を国有化する鉄道国有法は1906年に成立した。日本国有鉄道が設立されたのは1949年である。新幹線建設が交通閣僚懇談会で決定したのは1958年で，東

京・大阪間の東海道新幹線開業は 1964 年である。鉄道事業は採算がとれる事業であるとの前提で事業制度が組み立てられてきており，道路・空港・港湾にあるような財源と整備計画をセットにした計画は存在しない。ただし，整備新幹線（北海道新幹線・東北新幹線・北陸新幹線・九州新幹線の鹿児島ルート・長崎ルートの 5 新幹線）については，1970 年成立の全国新幹線鉄道整備法に基づき整備計画が定められている[1]。

航空輸送は戦後の空白期を経て 1951 年に再開された。空港整備は占領軍に接収されていた飛行場を民間航空用に再整備することが始まりであり，羽田が 1952 年に一部返還，1958 年に羽田空港・伊丹空港両空港が返還された。1956 年に空港整備法が成立した。1967 年に第 1 次空港整備五箇年計画が策定された。その後 7 次にわたる五箇年計画が積み重ねられてきた。

港湾については，戦前は個々の港湾計画が中心であった。1950 年末，国土総合開発審議会の要請に基づき，港湾整備三箇年計画がまとめられた。「港湾整備緊急措置法」（1961 年成立）に基づき，港湾整備五箇年計画がスタートしたのは 1961 年である。そして，経済計画に対応した港湾整備事業が行われ，9 次にわたる五（七）箇年計画（第 9 次は七箇年計画に延長）が積み重ねられてきた。

鉄道については入場ゲートで利用者を管理することができることから，料金徴収を確実に見込むことができた。また，都市鉄道については沿線開発による外部経済効果をディベロッパー的な運営によって回収することが可能であったことから，財源調達が容易であった。料金徴収が可能であった鉄道をのぞいて，このような収入を当初見込むことのできなかった道路[2]，空港，港湾については，計画的な整備を可能とするため，整備計画と合わせて財源を確保し，区分経理を行うために特別会計が設けられた。

特別会計の財源としては，料金や使用料などの収入もあるが，これらは十分な財源確保を見込むことができなかったため，主に一般会計からの繰り入れによって財源が確保されてきた。経済成長に伴う税収増から潤沢に確保されてき

---

1) 先述の東海道新幹線と山陽新幹線，東北新幹線（東京・盛岡間），上越新幹線は国鉄時代に建設された。

2) 高速道路整備の経緯については第 4 章 1.2 に記載。

た財源と，中長期の見通しを持った整備計画によって，9,165 km の高速自動車国道を含む 1,273,294 km の道路，27,606 km の鉄道，97 の空港，994 の港湾が整備されてきた[3]。国土交通省の 9 本[4]の事業分野別長期計画は，社会資本整備を重点的，効果的，効率的に実施していくことを目的として，2003 年の社会資本整備重点計画に統合された。

このように交通インフラの整備は順調に進展してきたが，経済成長率の鈍化と人口減少によって需要の伸び悩みに直面すると，計画ありきで十分な必要性・効率性が考慮されていない交通インフラに対して，「ムダなインフラ」批判が起こることになった。

交通インフラは全国一律で整備されてしまうため，地域において立派な交通インフラが整備されてしまう。例えば交通量の少ないところでも 4 車線の過剰な道路が整備されてしまう，貨物船は来ないのに大規模な岸壁が整備されている，といった具合である。

また，公共による運営は，柔軟性・地域性・マネジメント・セールスの視点の欠如をもたらした。そうした交通事業運営の改善策については第 2 章第 9 節で示す。

公共が交通インフラを統一的に整備することによって，地域によって道路・空港・鉄道のどれを整備すると良いのか違いがあるはずなのに，どの地域もすべての交通インフラを欲しがったために日本全国にフルセットの交通インフラが整備されることになった。例えば，新幹線が整備されると，もともとあった航空路線が旅客減の打撃を受け，廃航となってしまう。それにより，これまで確保されてきた着陸料が減少し，空港整備運営の地域負担が大きなものとなる。地域においては高齢化による社会福祉の負担で財政が逼迫していく中で，利用減の続く地方空港を存続させるのか，廃港するのかという選択を行わなければならない事態が将来的に発生しうる。

こうした中，近年では，交通インフラ整備がある程度概成したこと，ムダ批判が大きかったこと，そしてこれまでのような高い経済成長は見込めなくなっ

---

3) 道路は『道路統計年報』の 2014 年度，鉄道は『鉄道統計年報』の 2012 年度，空港は 2015 年 7 月，港湾は 2015 年 4 月現在の値である。

4) 道路整備，交通安全施設，空港，港湾，都市公園，下水道，治水，急傾斜地，海岸。

たことから，「つくる」から「つかう」視点が重視されるようになった。「つくる」ということは供給者目線で計画重視でおこなっていくことであり，「つかう」ということは利用者目線に立って，人々のインセンティブに基づく行動原理を踏まえた創意工夫を行っていくということである。

　人口減少・低成長下にはどのような形の公的関与（規制や財政支援など）のあり方が望ましいのであろうか。公的関与の手法として，例えば，料金設定やネットワークの接続性を重視すること，交通関連事業を活用することなどが挙げられる。料金設定については安ければより多く買う，高ければより少なく買うという単純な行動原理を活用して，混雑するなら利用を控えるように料金を高く設定し，空いているならむしろ利用を促すように料金を安く設定するといった弾力性を考慮した料金設定にするということである。この点についてはタクシー（第3章）や高速道路（第4章）の価格変化に関する分析において議論を行う。ネットワークの接続性については第1章2.1.2で扱う。交通関連事業の活用は第1章2.1.3で議論する。

2.1.2　交通手段間調整の状況

　整備計画は交通手段ごとにつくられるため，ネットワークの接続性や交通手段間の調整の視点は欠けていた。例えば，せっかく整備した空港は市街地から離れたところにあり，鉄道との接続がなく，アクセスのためにバスなどの自動車交通に頼らざるをえない。飛行機を降りた後，数あるバス停の中から乗るべきバスを探したり，券売機はバス停とは全く別の場所にあって重い荷物を抱えて右往左往したり，読みづらい時刻表から時刻を読んだりする不自由に直面する。鉄道の接続がある場合には，市街地における渋滞でバスの所要時間が読めないことを考慮して，空路ではなく到着時間の確かな鉄路を選ぶということも起こっている。

　東京では，都営地下鉄，東京メトロ，私鉄，JR，利用者の側からすれば，どこの鉄道会社が運営を行っているか関係のないことであるが，事業主体が異なるために，乗り換えのたびに遠回りを強いられ改札をくぐらなくてはならない。乗り換えが増えると基本料金の負担も増えることになり，交通費の総額が増えることになってしまう。

ハードの整備を伴わずとも，情報を活用することによって交通手段間調整を
はかることは，比較的容易に行えることではないだろうか。第2章9.3では，
交通手段の連携や接続の改善による利便性の向上について事例紹介を行う。ま
た，第6章3.2ではWILLER TRAINS社が取り組んでいる交通手段間調整に
ついて紹介したい。今ある交通を利用者視点に立って「つかう」発想で利用改
善がなされている事例である。

2.1.3　交通関連事業の活用

　交通インフラを利用する際には，移動に付随して飲食や物販などさまざまな
サービスも必要になる。これまで交通インフラは「つくる」ことだけに主眼が
置かれていたが，利用減が認識され，「つかう」ことを重視することが求めら
れるようになっている。そこで，「つかう」ことを重視し，交通関連事業を積
極的に行うことによって本業の経営基盤を高めている事例を紹介する。

　まずは空港についてであるが，国管理空港においては，滑走路等の下物とタ
ーミナルビルの上物が別々に管理運営されてきたことから，上物の儲けを下物
の赤字補塡に回すという発想がなかった。そのため，第三セクター等が空港の
ターミナルビルを運営しているが，そのターミナルビルにおけるテナントが，
集客力の高い商品構成を行う仕組みになっていなかった。しかし，2013年6
月に成立した「民間の能力を活用した国管理空港等の運営等に関する法律」
（民活空港運営法）によって，国管理空港・地方管理空港において，空港運営
を民間会社に任せるPFIが仙台空港[5]や新関西国際空港[6]などにおいて導入さ
れることになり，集客力をより意識したターミナルビル運営がなされることに
なる。

　次に，鉄道会社が運営する駅ビルは，ショッピング機能を十分に高め，非常
に大きな集客力を有する。鉄道を利用しない人にとっても，駅に立ち寄って利
用したくなるようなテナント構成となっている。今や，鉄道会社において，駅

---

　5)　東急前田豊通グループに対し，2016年6月末に空港運営事業を完全移管した。
　6)　新関西国際空港として，関西国際空港（関空）と大阪国際空港（伊丹）の2つの空港の一体的
　　　な運営が行われることになる。その運営主体として，オリックス，ヴァンシ・エアポートコンソー
　　　シアムに対し，2016年3月末に空港運営事業を移管した。

スペース活用やショッピング・オフィス事業は，高い収益力を有する重要な事業となっている。

高速道路においても民営化以降は，サービスエリア（SA）・パーキングエリア（PA）において魅力的な店舗展開がなされている。高速道路利用の途中で休憩するのみならず，その SA，PA そのものがショッピングモール並みのテナントを有し，観光スポットとして十分に楽しむことができるようになっている。高速道路を利用しない利用者が入場できる出入り口も設けられていることから，高速道路以外の施設利用者も利用することとなり，高速道路会社の貴重な収益源となっている。

このように公共施設であっても，物販や飲食施設の運営は民間事業者の得意とするところであり，1987 年に民営化してから 2017 年までに 30 年と経験の長い JR では大きな収益力を占めており，2005 年の民営化からは 12 年と経験の浅い高速道路会社においても貴重な収益源となってきている[7]。空港においても，空港の上下一体運営を進め，民営化によって，より効率的な空港運営を行うことが可能となってきている。交通の本業のみならず，関連事業を生かすという範囲の経済の効果を十分に高めることによって，本業の経営を安定的に行うことが期待される。

2.1.4 営業展開による誘客戦略

第 1 章 2.1.1 でみたように，日本全国に立派な交通インフラが整備されたのに，それが利用されないのはもったいない。利用料を安くすることで利用者を増やすことが考えられる。まずは割引などの営業展開によって誘客を行う事例を紹介する。

国管理空港においては，空港整備勘定による全国プール管理による運営がなされ，着陸料等は全国一律の料金設定であったことから，地域の需要や，就航路線・便数の特性を踏まえた割引などの着陸料を活用したセールスを行うことは困難であった。しかしこの点については，時期や時間帯によって需要の少な

---

7) 全収益に占める割合は，東日本旅客鉄道株式会社において 24.1%（駅スペース活用事業とショッピング・オフィス事業），東日本高速道路株式会社において 4.0%（SA・PA 事業）となっている（各社ホームページ掲載の 2014 年度決算より）。

いときには着陸料を安く設定することや，東京発便は割り引き，東京着便は正規の運賃をとるなど，地域需要や旅客特性に合わせた弾力的な経営を行うといった営業戦略が考えうる。

この点についても民活空港連営法により，国管埋空港・地方管埋空港において物販・飲食等の収入を原資とし，着陸料の引き下げによって就航便数・路線の拡大などの空港活性化に向けた取組を行うことが可能となる。運営が民間委託される仙台空港では，乗客数に応じて着陸料を変更する制度を国内で初めて導入する予定である（朝日新聞デジタル 2015）。乗客数の変動リスクを航空会社のみならず空港側も負うことになり，空港も利用拡大に向けてさらなる創意工夫をおこなうことになる。

また，地方管理空港である能登空港においては，搭乗率保証というユニークな制度を設けて路線誘致を行っている。これは年間平均搭乗率が 70% 未満の場合は，県と地元自治体が航空会社に 2 億円までの損失補償を行うというもので，それによって航空会社・地元が共に営業努力・利用促進をすることにつながり，路線を維持することが可能となる。

高速道路においてはドラ割[8]などの割引を行っているが，高速道路会社において利潤制約が課されていることから，積極的に営業を行うことは困難となっている。料金水準設定を国が行い，高速道路会社はその方針に従うという現状の枠組みでは，高速道路運営会社が民営化したとはいえ，経営の自主性をはかることができない。

民間の知恵と資金を活用し，地域の実情を踏まえた機動的な料金の設定や，搭乗率保証などのセールスを行うことによって，地域の交通施設を活用し，内外の交流人口を拡大し，地域経済を活性化することが期待される。

---

8) 各高速道路会社が提案している割引サービス。オフシーズンに一定区間において，一定額を支払うことによって，数日間乗り放題になる周遊プランなどがある。観光客にとっては，毎回の料金の支払いを気にせず高速道路への乗り降りができるので，気ままに移動をすることができて便利なプランである。道路会社としても，オフシーズンに利用収入を確保することができる優れたサービスである。

2.2 事業者保護的な交通行政

2.2.1 交通事業者に対する交通行政の経緯

規制緩和[9]が行われる 1990 年以前には，事業者が行う交通事業に対して，事業者育成のために，需給調整規制を中心とする保護的な許認可行政が行われてきた。このため，当該事業に対して自由な参入が制限され，事業者数が絞られていることによって，その利得を，限られた事業者のみが手にすることができていた。事業者にとって，規制によって参入制限されている営業権は既得権となっていったため，既得権を守っていくために各種の業界団体が設立され，強い政治力を持つことになった。また，行政からすると，利用者の声に個別に耳を傾けるよりも，事業者の要望を集中的に聞いたほうが手っ取り早いため，利用者ではなく事業者目線の交通行政が行われることになった。

例えばタクシーにおいては，規制緩和が行われた後も，その弊害が大きいとして規制強化が行われているが，政策の元となっているのは 2017 年現在も事業者の声である。

とはいえ，規制緩和が行われ，自由な市場が形成されつつあることから，これからは事業者の創意工夫や利用者視点に立ったサービスの提供がさらに求められることになる。

以下では交通行政において利用者視点に立った交通政策が行われることが非常に困難であるという観点から現状と課題をみていく。

2.2.2 弾力的な料金政策

インフラを効率的に利用するためには，料金設定において弾力性の視点が欠かせない。例えば混雑した道路においてはピークロードプライシングを行う，というものである。つまり，効率的な資源配分を達成するために，混雑のコストも考慮し，短期限界費用に等しくなるように料金設定を行うということである。需要のピーク時には高めの料金を課し，需要のオフピーク時には安めの料金を課すことになる。これによって交通需要管理を行うことができる。

---

9) 1990 年の物流二法（貨物事業者運送事業法と貨物運送取扱事業法）の規制緩和がスタートとなって，2000 年には貸切バス，2002 年には乗合バスとタクシーにおいて道路運送法が改正され，規制緩和が行われた。第 2 章 6.4 を参照。

第2節　交通問題の現状と政策　　　　13

　こうした料金設定を高速道路の料金やタクシーの運賃の設定において，活用することが考えられる。つまり弾力性を重視した料金・運賃の設定を行うということである。

2.2.3　弾力的な料金政策が受け入れられない理由

　しかし現実的には弾力的な料金政策はなかなか実施されない。弾力的な料金政策が実施されない，受け入れられないことにはどのような理由があるのであろうか。

　1点目に，料金については一律のわかりやすい料金を求めるべきだとする考え方がある。もちろん技術的にも，刻々と需給状況が反映されて変化する料金を徴収することは容易ではない。もっとも，ETC の普及等の技術革新によって可能となっているが，車載器を搭載している車両のみが対象となるといった問題もある。

　2点目に，高速道路利用者からすると，混雑によって時間を要し，不便なサービスを強いられているにもかかわらず，料金が高くなることは納得できないという考えもある。そうした混雑による不快さを緩和したいと考える利用者は一定程度存在する。例えば JR の指定席特急料金は，繁忙期と閑散期で値段が異なるが，指定席という同じサービスを受けることができる。そのうえ，混雑時に自分の座席を確保できるという安心感から，多少料金が高くても，消費者に受け入れられやすい。東京の私鉄各社は通勤車両において座席定員制列車を導入してきており，着席できる安心感は確実に利用者の支持を得ている。

　3点目に，混雑しているときに高い料金を設定したことによる増収について暴利をむさぼっているとする批判もある。2点目と3点目については，以下の理解が必要である。高速道路サービスにおいて規模に関して収穫一定であれば，料金収入によって最適な施設容量建設のための費用を賄うことができる。例えば高速道路の場合は，この収入を高速道路の交通を改善するような，代替的な道路や公共交通の投資に充てることができれば，支払いに対する理解も得られるであろう。タクシーの場合は，超過利潤を得ていることが他の事業者にわかれば，混雑時にのみ増車する事業者の存在が期待できる。供給量が増えることによって料金がより低い水準に落ち着くことにもつながる。したがって，需要

が増える際に弾力的に料金を変更することによって交通需要管理をすることのできる仕組みづくりを行っていくことは資源の効率的な活用の観点から非常に重要なことである。

4点目に，高い料金を設定することによって，支払い能力を持たない者を排除することにつながるという公平性の観点もある。ただ，高速道路やタクシーであれば，代替的な交通手段の利用を想定することができる。代替的な手段がなく，どうしても提供することが必要な財であるのならば，所得補償によって対応していくことが求められる。

2.3　交通問題に対する政治的な介入

交通問題については，その政治的な介入をどう考えていけばよいのかということが本質的な問題となる。交通は生活に密接に結びついていて庶民の関心も高く，政治やマスコミのターゲットになりやすい。政治を経済学的な観点から説明するのが公共選択論の考え方であり，黒川（1987）によれば，「そのスタンスは，いつでも，社会を構成する個人，一人一人の立場から，社会をみようとするという意味で特徴的であって，しかも経済学的アプローチを駆使しながら，政治，行政の分野まで含めて，広く分析の枠を設定しようとする」（黒川 1987: 1）と説明している。そして，「政治家は彼の建前の動機とは別に，再選あるいは当選を目指す本音の行動選択動機を有している」（黒川 1987: 225）としている。横山（1983）によれば，「政治家は，当選することで，あるいは政権を獲得することで手にできる所得，名声，権力を追求する。そのため，選挙において得票ないし支持率を最大にするような行動をとる。政権の座にある政党ないし現職の代議士は，選任期間中に再選をめざし，多数の投票者を引き付けて支持率を高めるような政策あるいは公共サービスを提供しようとする」（横山 1983: 111）と述べている。

太田（2009）では，「公共選択論がその問題点[10]を指摘しているのであるが，

10）　太田（2009）における最大の主張は，道路特定財源を一般財源化することによって，道路利用の費用に関する受益者負担の原則が放棄されたことを問題視するものであり，その帰結に高速道路料金の引き下げの事例を挙げている。なお，道路特定財源の一般財源化（2009年4月22日改正道路整備事業財政特別措置法の成立）は麻生太郎首相において実現したが，法律上の改正を含め，明確に方針を指示したのは福田康夫前首相であるとしている。

利用者は自らの負担の軽減を際限なく要求するとともに，自らへの公共サービスの拡充を求め続ける一方で，それが票につながるのであれば政治的に実現されるということである。すでに実施されているのは高速道路料金の引下げである」（太田 2009: 8）として，自公政権による，ETC を利用した「休日普通車上限 1,000 円施策」の実施につながったことを紹介している。これについては第4章の高速道路無料化の問題で論じる。また，事業規制強化の事例については，第3章のタクシー事業規制で扱う。

　次節では，利用者視点に立った交通政策について，どのような議論がなされているのか，先行研究からみていく。

第3節　交通問題の現状と政策に関する先行研究

3.1　交通政策の全体像について

　まずは，政府の交通政策の基本目的を，岡野（1992）において確認しておきたい。岡野によれば，「政府の交通政策の基本的目的は，一国経済の最適な資源配分が達成されるように，交通部門を運営することである。政府は交通部門の運営にあたって，安全かつ効率的に，人と物の空間的移動の欲求を満足させる十全かつ適切な交通体系を構築することを目標にする」としている（岡野1992: 5）。また，「交通政策の目的は，一国の経済の資源配分の効率化と斉合する交通部門内での資源配分の効率化――すなわち「効率」――と，所得再分配――すなわち「公正」――の2つであるということになろう」と述べられている（岡野 1992: 6）。公正とは，所得再分配を目的として全国津々浦々にネットワークを張り巡らせることであり，それによって，全国に高速道路・空港・港湾・鉄道が整備されることとなった。しかし，ネットワーク整備が概成された今，改めて効率性に基づく交通政策を考えていくことが求められている。そして，交通政策の目的を達成するために政府が採用できる政策手段として，岡野（1992）は，交通投資，運賃（費用負担），税制，補助金等を挙げている。本書においても，利用者視点に立った交通体系の構築のあり方について検討を行うことを目的とし，そのための手段として，交通投資，運賃（費用負担），補助金等を考慮した経済分析を行っていくこととする。

効率については，パレート最適の概念であり，藤井（2001）によれば，「この基準では，「社会のある1人の厚生をより大きくすることが，他のどの人の厚生も悪化させることなく達せられるのであれば，それは社会としての改善である」とされ，そのような改善が行われ尽くして，「もはや他のだれかの厚生を悪化させることなしにはどの個人の厚生の増加も達せられない」状況を，最適状態と規定する」と述べられている（藤井2001: 14）。完全競争市場はこのパレート最適を達する。本書においても効率性の観点から，タクシーの弾力運賃（第3章）や，高速道路の通行無料化（第4章）において取り上げていく。

　また，公正については，ロールズの公正としての正義の概念を藤井（2001）から理解することができる。各個人が自分の立場についてまったく情報を持たない無知のヴェールのもとにあると想定し，社会的ルールがまだ存在しない原初状態における望ましい社会のあり方について検討がなされる。無知のヴェールのもとにおいて，人々は，まったく未知の将来を前にして，もっとも不利な状況が生じたときにもっとも救われるような社会であることを選ぶ（マキシミン原理）と想定できる。そこからミニマムの確保，セーフティネットの整備の示唆が得られる。また，ローカル（人口密度の低い）な経済においても，最低限の移動が可能となる交通サービスを住民に確保することが，地域の存続にとって不可欠であると考えられる。本書においても，公正については，地域の実情に即した移動の確保をおこなっていくことが経済学のメカニズムを踏まえ，地域活性化の政策に必要であるとの観点から鉄道の保険（第5章），や京丹後のタクシー（第6章）において取り上げていく。

　次に，日本の交通市場の特殊性について，斎藤（2013）で確認する。斎藤は，都市鉄道事業の自立採算経営だけでなく，高速自動車国道のプール採算性，JR東海によるリニア中央新幹線建設といった事業スキームを可能としている理由に，日本経済・国民生活の水準，国土の形，人口・産業の規模や配置などが，事業運営に際して有利な市場条件を生み出したことを挙げている。山林に囲まれた限られた可住地に約1億2000万人もの人口が住んでいることや，東京圏に約3500万人，大阪圏に約1,200万人，名古屋圏に約570万人と，大都市圏が複数存在することによって，都市内移動も都市間移動も高密度に行われてきたことなどが相当する。

こうした日本の特殊性についても留意をしながら分析を行っていきたい。日本の特殊性に留意するにしても，諸外国では交通政策がどのように議論されているのか。Hibbs（1982）においては，市場メカニズムの抑制によって資源の誤った配分が行われており，公共交通は利潤を生みだすことはない，持続的に巨額の損失が続くという誤った概念が生じていることを指摘している。そこで，市場を拡大させる政策として，道路利用における限界費用価格形成や，交通産業における合理的な経済政策を行うべきことを提唱している。この指摘は本書においても極めて重要なもので，市場を拡大させる際には，利用者視点に立ち，弾力性を重視する視点が欠かせないことが確認される。

3.2　自由化・規制緩和の観点

日本では交通政策に対してどのような議論が行われているか。山内（1997）においては，ミクロ経済学からの基本的政策指針として，各経済主体の利己的行動結果が経済全体の善に結びつく，すなわち，市場の機能に対する外的圧力の排除，個別産業政策における規制緩和・規制撤廃が求められることが主張されている。もちろん，「市場の失敗」「政府の失敗」の双方があり得るため，制度設計において2つの「失敗」の費用と便益が考慮されるべきことも記されている。

同様に，競争時代に即した規制の弾力化をはかるためには，経済学をベースとした議論がますます不可欠であると斎藤（2014）において述べられている。すなわち，需要条件（需要の価格弾力性）を重視した弾力的価格形成が求められているとしている。事例として，旅客鉄道や地域バスの運賃規制（総括原価方式であり，経済学の議論はほとんど関わりを持たない）を挙げているが，これは高速道路やタクシーなど，さまざまな交通モードの料金設定においても当てはまる議論である。

山内（2015）においては，自由化を指向する交通政策の力点の変化が端的にまとめられている。自由化が進展する背景には，運輸，エネルギー，電気通信等伝統的に公的規制を受けてきた産業が非効率な状態に陥り，それを打破するための規制緩和が求められたこと，コンテスタビリティ理論（潜在的な参入者からの競争圧力があれば自然独占の費用状態であっても市場の帰結が準最適な

ものになるとする理論）の発見によって，自然独占性が高い分野においても競争圧力を利用する政策が求められたことが指摘されている。

　また，山内（2014）においては，「ニーズと技術の変化は，あらゆる移動サービスのあり方に革新を求める。高齢化という社会構造の変化は「優しい輸送」を求めるであろうし，スマートフォンの機能向上のようなICT技術の高度化によって輸送における需給のマッチングが変わるかもしれない，そしてこのような「要請」に応えるのは事業者の責務である」としている。ニーズと技術の変化は，まさに今，起きていることである。GPSシステムやプログラム作成の高度化，ビッグデータの普及，クラウドの活用によって，新たな事業サービスが拡大している。例えば，GPSスマホアプリを用いた配車サービスができるようになっている。高速道路の決済システムがETCによって，時間帯に応じてさまざまな料金設定を行うことが可能となっている。こうした技術の進化によって事業サービスが展開されている事例を「利用者重視の交通事業者の創意工夫」（第2章9.2）において確認する。

　続けて，山内（2014）では，「対価をとって貨客の移動サービスを提供する「運輸事業」の場合，古くから事業法による垣根が築かれてきた。事業法は事業法で，安全の確保とサービスの安定的な供給という抗しがたい[11]運輸の基本的機能を実現するものである。しかし，事業法に縛られて規定のサービスの提供に終始していないか，新しい社会的要請に応えられないのではないか，運輸事業者は常にこのように自問する必要がある。そうでなければ，「産業の変容」はもたらさない」としている。運輸事業の事業法による垣根については，第1章2.2においてみたとおりである。山内は運輸事業者が，事業者主体でサービス改善を行っていくことを求めているが，そうしたサービス改善を可能としていくための事業法の見直し，いわゆる規制緩和も強く求められることになるだろう。

　市場原理主義への回帰は，情報通信技術の技術革新を抜きにして語ることは

11）　安全の確保も安定供給も，運輸事業においては当然のように求められる政策目的である。しかしながら，安全の確保を最大限に求めて行けば，安全確保のための費用が膨大になり，運輸サービスの安定供給をおこなうことが困難になることが考えられる。このように，2つの政策目的は場合によっては矛盾することも考えられるため，山内は「抗しがたい」という言葉で表現していると筆者は推測する。

第3節　交通問題の現状と政策に関する先行研究　　　19

できないことが，南部（2014）において指摘されている。そこでは，「市場メカニズムをエコノミストが信頼するのは価格がパラメータとして有効に機能し，資源が効率的に配分されるからである」とし，情報通信技術の進展によって価格という情報がはるかに容易に入手可能となったこと，そして，今後20年間においても，情報通信技術の発展が産業構造に与える影響を中心にして考えることが必要であることが述べられている。本書でも，こうした問題意識に立ち，今後求められる交通政策について検討を行っていく。

　人口の自然減と少子・高齢化，環境制約への意識の高まり，国の財政難，情報技術の進展の状況においては，高速道路政策においても，合理的な負担での高速モビリティの継続的確保が尊重されるべきことを杉山（2013）は指摘している。また，株式会社の自主性を損なう市場介入は市場経済に逆行するとし，高速道路料金が政争の具となったことを厳しく批判している。

　Hibbs（1982）においては，英国の都市内タクシーについて，既存事業者の保護のために免許制を採用している結果，料金は高く貧弱なシステムとなっており，質的規制を高め，規制緩和を行うべきことや，路線タクシーの開拓といった可能性追求を提言している。

　このようにみていくと，利用者視点を重視した交通システムの制度設計を行っていくためには，弾力的な価格設定や，競争圧力を利用する規制緩和が重要となっていることがわかる。

3.3　利用可能性の観点から

　これまでにみた市場の働きを重視する交通政策の一方で，採算性によっては運営することのできない地方交通線などの問題も存在する。公正の観点からは，不採算だからといって切り捨てられるものではない。このような問題に対しては，交通の利用可能性（availability）の問題として捉えられることが堀（2002）で明らかになる。交通サービスには，実際に利用したときに得られる便益と，いつか利用するかもしれない先物需要としての便益がある。この先物需要としての便益を，利用可能性と呼ぶ。今は利用しないけれど，いつか必ず利用する，こうした財に対する潜在的な需要は通常の需要曲線を上回っているものの，潜在需要から料金を徴収することが困難なため，過少供給されてしまう。最適供

給量を達成するためには，料金を値上げするか，料金を据え置いて，その分の赤字額を政府が補塡することが必要となる。利用者の視点を考慮する際に，効率性を追求するにしても，利用可能性の視点も欠かせないことがわかる。また，このような問題は特に大規模災害において起こりうる。

　正司・近藤（1995）においては，多くの交通インフラが採算性原則に基づいて整備・運営されてきていたため，積極的に公的資金を導入するシステムが具体的に検討されてこなかったこと，しかしながら大規模災害においては，政府からの公的な助成について検討すべきことが提唱されている。同様に，森地（2011）においては，道路，鉄道，港湾などが施設別に異なる法律に基づくため，交通施設で比較すると，補助率が異なってしまっていることが指摘される。同じ被害を受けたにもかかわらず，法律が異なることによって補助率に差があることについて理解をすることは非常に困難であるといえる。

3.4　地域交通再生の観点から

　地域交通再生について，どのような視点が求められるだろうか。宇都宮（2017）においては，「交通まちづくり」というアプローチを重視することを提案している。交通まちづくりにおいて行政と市民との協働による新たな動きを紹介し，住民の役割の重要性に焦点を当てている。そしてソーシャルキャピタル（社会関係資本）の側面からの交通まちづくりの効果を解説している。

　大井（2017）においては，「鉄道の存在効果を強調する議論やシンボル論のような理屈で鉄道存続・建設などの必然性を説くことに対しては筆者は否定的である」（大井 2017: 74）と，地方鉄道に対して明確に述べている。鉄道は建設・開業時の費用のみならず，償還後も車両やインフラの維持管理費用が高すぎること，輸送機関としての鉄道は，バスに比べて停留所間の距離を詰めることができず，車両のコンパクト化をはかることもできないため，人口減少下で，かつ駅へのアクセスが困難になる層が増える高齢化が進展する地域で維持していくことは，持続可能ではないとしている。鉄道事業を採算性のみで捉えるのであればそのような意見にならざるをえないであろう。そのときに，その地域で存在することによって，経済的な価値を見出し，維持していくことについての合理的説明をどのように行っていくべきかについて第6章で議論する。

第2章　なぜ交通政策を研究するのか

第1節　効率と公正の達成

　本研究でどのようなことを行いたいかを述べる。交通政策の目的は効率と公正の達成にあるが，第1章でみてきたように，時代の流れによって変化してきた。戦後すぐから整備計画を作成し，公正のために所得再分配の観点から全国津々浦々にネットワークが張り巡らされてきた。また，規制緩和が行われる1990年代以前までは，供給者目線に立ち，保護的な観点からの交通行政が行われてきた。人々のライフスタイルの多様化や好みに合わせて交通サービスを提供するということはなかなか行われてこなかった。

　しかしながら，ネットワーク整備もある程度概成し，少子化で需要の増加も見込めなくなった現在では，効率性の視点が改めて重要となる。規制緩和を通じて多様化する人々の好みに合わせて利用を促していくことが必要となる。また，技術革新によって効率的に交通サービスを供給しながら，料金の多様化によって利用者のニーズにこたえていくことが可能となっている。そこで，利用者視点に立ったときに現状をどのように評価し，さらなる改善を促していくかということを考えていきたい。

　第2章では，リサーチクエスチョンと分析の内容についてみていく。そして利用者視点に関する先行研究のサーベイを行う。また，陸上交通を取り巻く自由化の進展について概説し，経済学的な手法による交通サービスへのアプローチについて解説する。

　まず，効率性の観点に立ってどのような分析を行っていくのかについて説明する。交通機関の中でも，タクシーは，運賃規制の範囲内で事業者が比較的自由に価格設定を行うことができることから，価格変化による交通サービス需要の変動に関する事例分析として，タクシーを対象に第3章で議論を行う。斎藤(2014)でもみたとおり，タクシーの運賃は総括原価主義から算定されている

ものであるが，これは経済学の議論とは何の関わりもない。しかし，利用者視点を重視するという考え方からいけば，再考の必要がある。特に，海外ではスマホアプリを活用して自家用有償サービスのダイナミックプライシングが実現しており，利用者の幅広い支持を得ている（第2章9.2参照）。日本でそのサービスを享受できないのはどのような理由によるだろうか。また，東京都内のタクシーでは，指定の決済サービスを利用すれば，初乗り運賃は割引することができるようになっている（第3章1.6.4参照）。すなわち，価格規制などの規制を設けていても，技術進歩によってその規制が形骸化することになってしまう。そこで，タクシーを対象に価格に関する分析を行っていきたい。

次に，第4章では，価格変化による交通サービス需要の変動に関する事例分析として，高速道路の無料化を対象に議論を行う。高速道路は，日本道路公団による上下一体型の運営が行われていたが，2005年の民営化によって，上下分離されるようになった（第4章1.1参照）。上物の経営は高速道路会社に任せられているが，その高速道路料金を政治的に変更するという状況が2009年以降に起きた。そこで，高速道路料金無料化政策に関する分析を行っていきたい。

第3章，第4章は効率性に関する分析であるが，第5章，第6章では公正の観点から検討を行う。第5章では，高速道路会社が民営化して上下分離したとはいえ，高速道路が大規模災害に遭った場合には国が支援を行うことになっている。この点について，鉄道は上下一体という制約から，リスクファイナンスの責任を事業者が負っている。日本は世界でも稀な民間の交通事業者が鉄道運営をしている国である。民営であるからこそ，大震災による大規模復旧の際に路線の存廃の議論が出てきてしまう。地域における交通サービスの保障に関する事例分析として，第5章で鉄道の災害リスクに関する分析を行っていきたい。

第6章では，地域における交通サービスの保障に関する事例分析として，地域交通の活性化についてみていきたい。内部補助によって維持されてきた地域交通ネットワークは，需要減によって供給し続けることは困難となった。そうした地域交通を，技術，上下分離，民間の創意工夫によって蘇らせている事例について紹介する。そして地域交通の維持について考えるべき課題を提示したい。

第7章では，リサーチクエスチョンへの答えを示し，全体の政策提言を行う。

また，課題と今後の展望についても述べる。

第2節　リサーチクエスチョン

　交通政策の目的は効率性と公正の達成にあり，利用者視点においても効率性と公正にかなった交通政策が行われることが重要である。その問題意識に立ち，研究を進めていきたい。そこで，本書のリサーチクエスチョンは以下の2点となる。

- 市場メカニズムを通じて社会的余剰の最大化を図るという経済学の原理に照らして，現状をどう評価するか[1]
- 人口減少・低成長下にはどのような形の公的関与（規制や財政支援など）のあり方が望ましいか

　これらを敷衍すれば，現状の交通政策が利用者視点に立ったものとなっているのかについて，みていくことになる。そして，ケーススタディにおいては，より踏み込んで，利用者視点に立った交通を実現していくために，どのような公的関与をどのように行っていくか，解決策について考えていきたい。2つのリサーチクエスチョンにおいては，より後者が重要となる。

　分析に際しては，政治的な影響や政策変更のイベントに着目し，経済分析を行うことで現実の交通政策への知見を増やしていきたいと考えている。近年における具体的なイベントとは，第2章3.1に示すとおりであり，タクシー事業規制の緩和から強化への変更，高速道路の料金政策の変更，鉄道のリスクファイナンスにおける補助金支給のあり方変更，Uber社の京丹後市参入である。

　政策変更などのイベントの発生により，料金や交通量などに大きな変化が生じた局面を観察することによって，実態をより明らかにすることができると考えたことから，近年の大きな交通政策の変化としてこれらを対象とする。交通政策のおもな目的の1つは利用者の利便性を高めることである。そこで，イベ

---

1)　厚生経済学の第1基本定理とは，完全競争市場均衡は必ずパレート効率的な配分を実現するというものである。定理の成立条件と証明は，奥野（2008）の163-165頁を参照。

ントの分析を通じて，利用者の利便性をどのように高めることができるのかについて検討を行った。

　また，第2章第6節で詳しく述べるが，タクシー，高速道路，鉄道は経済発展とともに日本独自に自由化と進化の歴史を遂げてきている。本書では，この独自の経緯をもつ交通市場において起きた問題について経済学的な手法を用いて詳細にみていくことにする。そうした事例分析を受けて，地域交通の活性化についての提言と課題の提示を行いたい。

第3節　分析の内容

3.1　対象とするイベント

　イベントというのは下記のとおりである。タクシーにおいては2002年に料金を含む大きな規制緩和が行われたが，2009年には規制強化への揺り戻しが起き，2013年には規制を強化する法律まで制定された。高速道路においては民主党が政権をとり，2010年に高速道路の無料化政策が実施された。鉄道においては2011年3月11日の東日本大震災の発生により，多くの鉄道が被災をし，鉄道の災害復旧における補助金支給のあり方に変更が生じた。2016年4月にはUber社が京丹後へ参入した。

3.2　具体的な分析内容

　本書の全体を通じた問題意識は以下のとおりである。利用者視点の交通政策が行われているのか，という観点に立ち，交通問題の現状と政策について確認する。そして，価格変化による交通サービス需要の変動に関する事例分析と地域における交通サービスの保障に関する事例分析を踏まえて，利用者視点に立った交通を構築していくためにはどのような形の公的関与（規制や財政支援など）のあり方が望ましいかを考察する。

　現実には交通政策が政治の人気取りに利用されやすく，供給側の論理に立って政策展開が行われる傾向にある。そうした政治的な影響やイベントの発生に焦点を当てることで，利用者視点に立った交通のあり方を検討していきたい。

　具体的な分析内容は以下のとおりである。まず，第2章でこれまでの交通政

策はどのような政策展開がなされてきたのか，その中で交通事業者や地域はどのような挑戦や取り組みを行っているのかについて確認をする。その後の章では，価格変化による交通サービス需要の変動に関する事例分析と地域における交通サービスの保障に関する事例分析を行う。また，制度変更（規制緩和や料金変更）に着目した分析を行うため，そうした制度変更がどのような経緯から行われるようになったのかについても確認を行う。

　章ごとに述べると，第3章では，価格変化による交通サービス需要の変動に関する事例分析として，タクシーの弾力運賃についての分析を行う。タクシーにおいては規制緩和が実施されたにもかかわらず，供給者側の論理で規制強化が行われることとなった。規制緩和後は，多くの地域において一律のタクシー運賃で営業がおこなわれ，価格やサービスのバリエーションをまったくみることができない状況となっている。そうした事態がなぜ起こるのか，という問題意識からタクシーの需要関数の推定を行うとともに，供給行動における市場支配力の考え方についての分析を行う。

　第4章では，価格変化による交通サービス需要の変動に関する事例分析として，高速道路の無料化についての分析を行う。高速道路においては，人気取り政策である，無料化政策によって1つのモードの料金を優遇することが他の交通モードにどのような影響を及ぼすのかを明らかにしたいと考えている。そこで有料道路の料金設定のあり方について経済学的に確認を行うとともに，無料化による政策的なインパクトがどのようなものであったのかについて，高速道路・並行する一般道路・鉄道・フェリーへのそれぞれの需要の影響を明らかにする。そして高速道路料金政策のあり方について論じる。

　第5章では，地域における交通サービスの保障に関する事例分析として，鉄道の災害リスクについての分析を行う。2011年の東日本大震災の発生により，多くの鉄道が被災した。これまでも災害のたびに鉄道の復旧や廃止について議論され，補助金支給のあり方が変更されてきた。そこで補助金を受ける鉄道事業者が，そもそも災害への備えである保険への加入をどう考えているのかについて明らかにしたいと考え，計量経済学的な分析を行う。そしてその付保行動を踏まえて鉄道の災害復旧補助制度のあり方について提言を行う。

　第6章では，地域における交通サービスの保障に関する事例分析として，地

域交通の活性化の事例を紹介し，地域交通における政策提言と課題の提示を行う。

　以上の章の分析を通じていまの規制や料金，補助金政策などのどこに問題点があるか，それを踏まえてどのように政策を見直せばよいかについて明らかにすることができると考えている。

第4節　利用者の定義

　利用者の定義をはじめ，本書における定義を行う。利用者とは，まずは日常的に交通機関を利用する人を指し，日常の生活の中で利用する人のことを想定している。目的としては，通勤・通学や業務目的といったものが相当する。近年はインバウンドの増加など，観光目的のトリップも増えてきている。そうした需要も決して無視できないほどの大きさとなってきているが，観光需要は為替レート，ブーム，テロ懸念，政治情勢などの影響を受けやすいことから，ここでは対象としない。

　そして，その交通機関があるところの住民を指す場合は，潜在的利用者という呼び方をする。

　具体的な利用者としては，タクシーにおいては，タクシーを利用する利用者を指す。高速道路においては，高速道路サービスを利用する利用者を指す。すなわち，自家用車，トラック，バスなどを意味する。鉄道の場合も，日常的に通勤・通学や業務目的として利用している利用者を指す。利用可能性の観点からは，鉄道を日常的に利用する利用者のみならず，潜在的利用者もいつか利用することによる便益を得ることができる。そのような利用者も含む。

　利用者視点においては，さまざまに達成されるべき目的がある。その目的の1つは，効率であり，公正である。効率とは，経済学的には社会的余剰の最大化を目指すということである。社会的余剰は，生産者と消費者の余剰の総計である。交通機関を利用する消費者は「利用者」と表現した方がなじみやすいので，利用者と表現する。

　公正は，ミニマムの確保，セーフティネットの整備，所得再分配を志向する。利用可能性（アベイラビリティ）は公正からの視点である。交通には，それを

実際に利用した際に発生する便益と，いつか利用するかもしれないという先物需要としての便益がある。そのいつか利用するかもしれない先物需要としての便益が利用可能性である。

　この章においても利用者視点に立ち，効率性と公正を目指した分析を行っていく。利用者視点の確保の事例を挙げる。例えば，タクシーの料金設定においては，弾力的な価格設定を行うということである。また，回数券やゾーン運賃など，需要を喚起する観点からのバリエーションに富んだ価格設定があってもよい。高速道路の料金設定においては，資源の効率的な配分を達成する限界費用価格形成に対して，次善の価格と考えられるラムゼイ価格形成（Ramsey pricing）を考慮した価格決定を行うということである。鉄道事業者のリスクファイナンスにおいては，被災後に鉄道が早期に回復することである。ただしそれは，鉄道の復旧によって地域経済にプラスの効果（純便益）があると判断される場合である。

第5節　利用者視点に関する先行研究

　利用者視点に立った交通政策のケーススタディとして，タクシー事業における規制緩和の観点，高速道路における混雑課金・無料化の観点，鉄道事業におけるリスクファイナンスの観点に関する先行研究を示す。

5.1　タクシー事業における規制緩和の観点

　タクシー事業における新規参入と料金設定に関する規制緩和が実施されてから20年が経過した。特に運賃についての規制緩和を通じて，事業者の値上げ・値下げの行動に変化が生じ，そのことが利用者のタクシー需要に影響を与えることが想定される。

　そこでまずは，タクシーに関する理論的な研究について概説し，次にタクシーの需要と価格に焦点を当てた研究を取り上げ，最後に供給側からの分析を行っている研究を取り上げる。

　最初に，理論的な研究としては De Vany（1975）がある。利用者の待ち時間を効用関数に組み込んで，供給者の利潤最大化問題を解くと，供給量を一定の

範囲内で制限することによって，一定の利潤を確保できることが示される。参入企業数がその範囲よりも少ないと，欠損が生じ，参入がなされない。また，その範囲よりも多いと，欠損が生じ，撤退を余儀なくされる。この範囲における供給制限が必要となる。

　また，日本のタクシー市場を想定した理論的な研究として，Flath（2006）がある。東京のタクシー市場を想定して，完全競争市場における場合と，料金と台数が制限された場合を比較すると，完備情報下のナッシュ均衡解として，完全競争市場においては限界費用を上回る価格となることが示される。

　次に，規制緩和の影響を需要関数の推定によって検証している先行研究について表2-1に内容をまとめた。まず，後藤（2012）においては，福岡市と北九州市を対象に需要の価格弾力性を計測し，福岡では弾力性が1を上回り，北九州では1を下回るという推定結果が得られ，この点を踏まえて市場構造の異なる都市ごとで個別に規制を設計・実施していくべきとの提案がなされている。また，小野他（2005）では，需要関数の推定から消費者便益の増分を推計し，規制緩和によって便益が増加したと結論づけている。

　規制緩和の効果を直接検証しているわけではないが，タクシー市場の需要関数の推定を行っている分析としては，以下の研究が挙げられる。Schaller（1999）はニューヨークにおけるタクシー市場の1990年から1996年までの輸送実績データをもとに需要関数を推定し，需要の価格弾力性が1より低いという推定結果を得ている。また，吉冨（1996），内閣府（2007），企画開発（2008）は東京におけるタクシー料金の変化に対する需要の変動を分析している。

　これらの研究では，被説明変数としてタクシーの実車キロや輸送人キロ，説明変数としてタクシーの運賃，その他の交通機関の価格，所得，景気要因，規制緩和ダミーといった変数が用いられている。推定結果をみると，価格に関する係数は負となっており，1を下回る低い弾力性の推定結果が得られている。もっとも，吉冨（1996），後藤（2012）の推定式では，実車キロ当たり運送収入が説明変数として用いられているが，この変数で初乗運賃や対距離運賃で構成される運賃を示すことはできない。

　このように既往研究においても需要の価格弾力性の推定が行われているもの

第5節　利用者視点に関する先行研究　　　　　　　　　　29

表 2-1　先行研究の分析内容

先行研究	被説明変数	説明変数	係数	期間，単位
吉冨（1996）	実車キロ	総走行キロ 輸送収入／実車キロ 1回当たり乗車キロ	正 負（−0.500） 正	1974〜1995年 全国 月次データ
小野・田中・ 中野（2005）	輸送人キロ	実質 GDP （営業収入／輸送人キロ）＋待 ち時間の時間価値 ＊待ち時間（空車数） 規制緩和年ダミー	正 負 負	1983〜2003年 全国 年データ（消費者 便益増分の計測）
内閣府（2007）	実車キロ	4 km 走行時の運賃 実質 GDP 東京都区部人口 地下鉄等の車両走行キロ	負（−0.337） 正 正 負	1975〜2003年 全国 年データ
企画開発 （2008）	総利用回数	初乗運賃 都区内鉄道営業キロ 東京都名目都内総支出	負（−0.7） 負 正	1979〜2005年 東京 年データ
後藤（2012）	実車キロ	輸送収入／実車キロ 空車キロ ガソリン小売価格（/ℓ） 平均給与 国内線乗降旅客数 新幹線乗車人員 運賃値上げダミー 特措法ダミー	負（−1.280/ −0.467） 正 正 負 正 正 なし 負	2006年1月〜 2011年3月 福岡市と北九州市 月次データ
松野（2013）	実車キロ	4 km 走行時の運賃 所得 人口 高齢化率 中小企業 DI 指数	負（1を超え る高い弾力 性） 正 正 負 正	1991年から2011 年までの72都市 のパネル
Shaller （1999）	実車距離	経済活動 失業率 輸送収入／実車距離 バス運賃	正 正 負（−0.22） 正	1990〜1996年 ニューヨーク 月次データ

注：変数の係数を（　）において記している。

の，個別地域や全国についての分析しかなされておらず，個々の地域状況を勘案して行われている分析は行われていないことがわかった。

一方で，供給側から分析した研究について調べてみると，田邊（2012）において行われているのみである。そこでは新規参入と退出の要因分析が行われ，利潤が参入の要因であること，運転手の賃金の高い地域の事業者数が増加したこと，等が得られた。このようにタクシーの供給側の行動についても先行研究は少ない。そこで，第3章ではこれらの点を踏まえて新たな分析を行う。

5.2 高速道路における混雑課金・無料化の観点

渋滞が発生している道路について，社会的限界便益（高速走行のメリットを享受できるのなら支払ってもよいと思う値段）と社会的限界費用（渋滞による時間的損失や環境への悪影響を考慮した値段）が等しくなるように交通量が決まる時，社会的に最も効率的な道路利用を実現することになることがMohring（1987）によって示される。つまり，混雑を緩和するために混雑状況に応じた最適な混雑料金を課すことが正当化される。さらに，最適な混雑料金を課すことで得られた収入を，混雑を解消するための道路整備に充当することで，道路の利用と整備の最適水準が達成されることになる。これらの点について数式を用いて証明した点がMohringの功績である。

このように，社会的限界便益と社会的限界費用が等しくなるように交通量が決まるとき，社会的に効率的な道路利用が実現することが導かれている。そして，規模の経済一定の場合には，最適な混雑料金を課してその財源を道路投資に充当することで，混雑地域における道路整備の最適水準が達成される。混雑を緩和するために混雑状況に応じて料金を変えていく，つまり私的トリップ費用に混雑料金を課して社会的限界費用とし，利用者に負担させるのである。混雑によって生じる外部不経済に対しての対価を支払うのである。

近年の高速道路料金のあり方をめぐる政策が，割引ばかりがクローズアップされており，割増（混雑料金の徴収）についての議論はまったくなされていない。現在，9割以上の料金所に設置されているETCレーンで交通需要を管理することが可能であり，この装置を有効活用することによって，道路の混雑状況に応じた割増料金を徴収することも，検討に値するだろう。

高速道路無料化が実施されてから，無料化についての分析がなされている。無料化の実証を行っている研究としては，高速道路の料金制度に関する研究委員会（2011）がある。上限1,000円や無料化社会実験等における交通量データを基に，全国の無料化6区間における料金支払い意思額から時間便益の試算を行っている。この分析によれば，料金割引額が大きくなるほど，利用者の支払い意思額，すなわち時間価値は小さくなる。時間価値の小さな人たちが高速走行のメリットをどんなに受けても，その便益の合計は小さいものに過ぎない，という点が考慮されることになる。例えば道央自動車道（深川〜旭川鷹栖）（平日）では，従来手法（車種別の統一単価（時間価値原単位））では，無料化等便益が21.2億円と試算されるところ，当手法（料金支払い意思額から時間価値を試算）では12.1億円となり，従来手法の概ね半分程度となってしまう。平日でもっとも減少率が大きいのは湯沢横手道路（十文字〜横手）であり，従来手法で14.6億円のところ，当手法で4.0億円となる。この分析は，通行の必要性が相対的に低い乗用車に対して割引を実施することで高速道路の利用を促し，高速走行という希少な資源を使うことがどこまで認められるのかについて，極めて重要な問題提起を行っているものである。

　事業者の立場からは北海道中央バスの事例について，荒井（2011）が報告している。6月28日〜11月30日の期間，2009年度と2010年度の輸送人員（全日1日平均）対前年比が−4.1％であったことが示されている。また，乗務員の聴き取りから，高速道路走行や渋滞に不慣れな利用者が増えたことによって，運転が極めて困難であったことなどが示されている。無料化によって，輸送サービスで最も大事な速達性が犠牲となり，利用者に迅速な輸送サービスを提供することができなくなってしまったことが分析によって明らかにされている。

　高速無料化についての批判としては，宮川（2011）がある。ここでは，有料道路制度の償還主義自体を否定し，維持管理費（含減価償却費）と資本費（道路資産を調達するための費用）のみを永久に徴収する永久有料制をとなえている。この料金は支払い意思額によって顕示される受益に応じた料金負担を高速道路利用者に求めるというものである。永久有料であることから，償還対象経費が大幅に不要となり，料金水準もそれに応じて低下することになる。すなわち，期限のない受益者負担原則を提唱している。宮川においては，受益と負担

の一致という公平性の観点が確保されている。また，ラムゼイ価格形成（第2章7.2.2参照）を推奨しているが，そのような価格設定は効率性の観点から評価される。

　無料化についての先行研究は上記の3つで行われている。それらをみると，個別区間について長期で行っている分析は少ないことがわかった。そこで，そうした点を考慮しながら，第4章の分析を進めていきたい。「休日普通車上限1,000円施策」がもともと旅客を中心とした政策であったことから，それを踏まえて旅客を中心として分析を行っている。

5.3　鉄道事業におけるリスクファイナンスの観点

　これまでも交通施設におけるリスクファイナンスの重要性は認識されており，交通施設のリスクファイナンスに関する研究が行われてきた。まず，制度面での分析として，小林編（2003-2005）では，道路施設を対象に，防災投資の便益評価や災害保険とリスクマネジメントの市場評価について，理論面と実務面の両方から幅広い考察が行われている。これによって現行の道路施設管理スキームが抱える問題点と課題が明示され，道路施設保有者に対しては防災投資勘定の創設，政府には時間分散機能の活用による自然災害復旧勘定の創設によってリスクを分担するとの解決策が示された。大谷・安達（2001）や瀬本他（2006）においても公共土木施設を対象に災害復旧制度に関する考察がなされている。リスクファイナンス研究会（2006）ではさまざまなリスクファイナンス手法が紹介されているが，交通施設に対する具体的な考察はなされていない。また，内田・平田・松野・尹・末吉（2009a）は，鉄道・空港・港湾を対象に，運輸政策研究所が実施した交通事業者に対するアンケートの集計を行い，それをもとに交通施設の公的負担制度の問題点について詳細な分析を行っている。この事業者アンケートにより，日本の交通事業者の全体的なリスクファイナンス行動が初めて明らかになった。こうしてみてみると，交通分野のリスクファイナンスの先行研究は，道路において充実しているが，鉄道においては少ない。

　次に事業者のリスクファイナンス行動という観点からは，Holmström and Tirole（1998）において，割引現在価値が正であるにもかかわらず情報の非対称性によって借入制約が生じるという流動性の問題が一般企業を念頭に論じら

れた。さらに，小林編（2005）においても，保険による地震カバー率が大きければ事前の防災投資を怠るという意味でのモラルハザードが生じる可能性を指摘し，そのようなモラルハザードを避けるために適切な免責率を設定する必要性が指摘された。しかしながら，これらの研究では個別企業のリスクファイナンス行動を決定づける要因までは示されていない。

　交通施設だけでなく一般的な場合の，保険需要の決定要因は，Mossin（1968）では所得と保険需要に負の関係があること，Browne and Hoyt（2000）では所得と保険に正の関係があることが示された。Grace et al.（2004）においては所得と保険需要の関係について，結果がまちまちであり，明確な結論を見出すことはできないとされている。

　第5章ではこれらの先行研究を踏まえて，事業者アンケートの結果をもとに個別企業の保険加入（以下では「付保」と記載）行動についての実証分析を行う。

　それでは，利用者の視点に立った交通政策が重要ということで，確認することができたが，日本において規制緩和，自由化が歴史的にどのような流れで導入されてきたのかについて整理をしたい。

第6節　陸上交通を取り巻く自由化の進展

6.1　自由化の背景

　交通企業は自然独占性[2]，過当競争回避などの理由から伝統的に独占規制を受けてきた。経済発展過程においては，交通事業者を保護し成長させるために独占的な規制を行っていくことは有効であったが，経済が成熟段階に入ると規制による失敗や行政による非効率が問題視されるようになった。市場の失敗を是正するための政府の介入がかえって経済効率・厚生を阻害しているとの反省にたち，アメリカ，イギリスにおいては規制緩和・規制改革が進められた。

　2）　極めて大きな規模の経済性があることにより，独占状態が形成されてしまう。規模の経済性が非常に大きく，平均費用が十分に逓減すると，1社でサービス供給をすることがもっとも低コストになる。このような状況下で複数社が競争を行うと，競争に敗れた企業の設備投資における巨額な埋没費用が発生することになる。そこで規制当局が参入規制を課し，1社独占を認めることが社会的に望ましくなる。同時に，この独占企業は退出規制が課され，市場にサービスが供給されなくなる事態が防がれている。

規制緩和が進展した理由について，植草（1991）では以下の4点を指摘している。第1に，1970年代の2度のオイルショックに伴う経済停滞によって，財政赤字が拡大し，「小さな政府」を実現することで政府規制部門の縮小を図る必要性が生じた。第2に，高度な情報技術の進展によって，自然独占分野であっても新規参入できるようになったことや，新たなビジネスが誕生する可能性を従来の規制では阻害してしまうことから，従来の規制を緩和する必要が生じた。第3に，1970年代以降，グローバル化が進み，国際的移動を阻害するような規制を緩和する必要があった。第4に，規制に内在する問題（①企業の内部非効率の発生，②規制関連費用の負担増加，③レント・シーキング・コストの発生，④規制のラグに伴う企業損失の発生，⑤企業の革新的行動の停滞，⑥サービスの多様化や料金体系の多様化の進展の遅れ，⑦料金水準の低下の遅れ）が認識され，経済的規制の緩和が求められていた。

そうした，サッチャリズムやレーガノミクスに代表される新自由主義の影響を受けて，イギリスでは国有企業の民営化政策が，アメリカでは自由化の志向，規制緩和政策が行われるようになった。

イギリスにおいては製造業や鉱工業までもが国有産業であったが，1977年石油事業者である British Paetroleum をスタートとして，電子機器事業者，精糖産業事業者などさまざまな国有産業において民営化が行われた。交通分野においては，1983年に港湾管理事業者である Associated British Ports，1986年にバス事業者である National Bus Company，1987年に航空事業者である British Airways，1987年に空港管理事業者である BAA，1993年に鉄道事業者である British Rail の民営化が実施された。また，公益事業である通信や電力においても民営化が行われた。

アメリカにおいては1975年，株式委託手数料の規制緩和をスタートとして，運輸（航空，鉄道，トラック，州際バス），金融，放送，エネルギー，電気通信における経済的規制緩和が行われた。

日本では，総理大臣の直属の諮問機関として，臨時行政調査会（以下「臨調」と略記），臨時行政改革推進審議会が規制緩和の推進のために大きな役割を果たした。臨調では，行政組織の統廃合，3公社（日本専売公社，日本電信電話公社，日本国有鉄道）の民営化，年金制度の改革，規制改革等，さまざま

な改革を推進してきた。

公共部門における行政改革の考え方について，黒川（黒川・大岩・関谷 1993:
32）は「基本に分権化，企業の独自の意思決定，競争を導入する，市場秩序の
もつ効率性の世界に公企業を放り込む，労働者も経営者もアイデンティティを
もつ」と評価している。

ここでは本章に関係するモードを対象として，自由化や規制緩和の流れにつ
いて紹介する。自由化と規制緩和の改革が行われたのは鉄道・高速道路・タク
シーの順番であるので，ここではその時系列順に記載する。

6.2 鉄道における自由化の進展

1949 年に鉄道省が運営していた鉄道事業が日本国有鉄道（国鉄）へと移行
したが，その国鉄は鉄道路線建設に際して 37 兆円もの累積債務と労働問題を
抱えることとなり，1987 年に 7 つ（北海道旅客鉄道株式会社（以下「JR 北海
道」と略記）・東日本旅客鉄道株式会社（以下「JR 東日本」と略記）・東海旅客鉄
道株式会社（以下「JR 東海」と略記）・西日本旅客鉄道株式会社（以下「JR 西日
本」と略記）・四国旅客鉄道株式会社（以下「JR 四国」と略記）・九州旅客鉄道株
式会社（以下「JR 九州」と略記）・日本貨物鉄道株式会社（以下「JR 貨物」と略
記））の株式会社に分割・民営化された。累積債務は日本国有鉄道清算事業団
（1998 年 10 月解散）と，JR 東日本，JR 東海，JR 西日本，JR 貨物，新幹線鉄道
保有機構に引き継がれ，返済が行われることとなった。JR 各社の経営は良好
にすすみ，新幹線鉄道保有機構が有する新幹線施設は本州 3 社によって買い取
られたため，新幹線鉄道保有機構は 1991 年 10 月に解散した。

本州 3 社は 1993 年から 97 年において株式上場を果たし，2006 年までに資
本面で完全民営化されている。また，JR 九州についても 2016 年 10 月 25 日に
株式上場が行われ，完全民営化された。民営化の過程で国鉄から地域に移管さ
れた鉄道として，第三セクター鉄道[3]がさまざまに生まれた。

民間ディベロッパー的な鉄道経営が成功をおさめ，国鉄も民営化されたこと
により，日本にはさまざまな民間運営による鉄道会社が存在している。鉄道が

3）　第三セクター鉄道は，旧国鉄・JR 線を転換したもの，私鉄路線を転換したもの，JR 貨物系の
臨海鉄道会社，新線の建設・運営のため設立したものなどがある。

民営かつ独立採算で運営されているのは，世界的には非常に稀なことである[4]。

第5章では災害復旧における鉄道のリスクファイナンスを議論しているが，基本的には民営（自治体が多くを出資しているものは第三セクター方式として）で，（自治体からの補助金を得ながらも）独立採算で運営されていることから，災害時の資金確保のために保険などの資金調達手段が必要となってくる。もし復旧資金確保が困難となれば，その路線の廃止が議論されることとなる。

6.3 道路における自由化の進展

道路において，一般道は公共が，高速道路は基本的に特殊法人であった道路4公団が整備・維持運営を行っていた。しかし，道路4公団の約40兆円にものぼる累積債務が問題視され，2005年に6つ（東日本高速道路，中日本高速道路，西日本高速道路，首都高速道路，阪神高速道路，本州四国連絡高速道路）の株式会社に分割・民営化された。累積債務は日本高速道路保有・債務返済機構に引き継がれ，各道路会社が返済を行う。道路施設の保有とその運営の観点からの上下分離が実施されたことになる。民営化に際して，高速道路においても，ある程度の制約は設けつつ[5]，民間の創意工夫で料金設定を行うことが決められた[6]。民営化によって地域の特色をいかしたSA，PAが生まれてきたというプラス面はあるものの，料金面においては政治的に翻弄されることとなる。そうした料金面の政策変更の経緯については第4章で議論することとする。

巨額の累積債務返済義務を有したまま民営化された高速道路会社というのは，世界にも類例がない[7][8]。ただし，EU指令（Directive 1999/62/EC，Directive

---

4) この点について斎藤（2013）においては，「上下一体型鉄道事業による自立採算経営や鉄道運賃設定における利用者負担ルールがあたりまえのように思われている日本の状況は，諸外国の常識から見れば例外的だということになる」としている。その理由として，「日本経済・国民生活の水準，国土のかたち，人口・産業の規模や配置などが，旅客鉄道事業に有利な市場条件をつくり，先進諸外国に類例を見ないような鉄道旅客輸送の活況と鉄道事業経営の成功がもたらされている」といった点を挙げている（斎藤 2013: 18-19）。

5) 日本高速道路保有・債務返済機構の協定には，実績料金収入が計画料金収入の1%を超えて下回った場合は，1%を超える部分について道路試算賃借料を減額し，上回った場合は逆に増額となる仕組みがある。

6) ETCの活用等により弾力的な料金を導入し，各種割引による料金引き下げや，平均1割程度の割引と，時間帯割引，マイレージ割引などの実施，弾力料金設定に努力することが定められている。

2006/38/EC，Directive 2011/76/EU）を皮切りに，道路課金は世界中で行われるようになった。例えばフランス[9]，ドイツ[10]においては高速道路における対距離課金が実施されている。国境を越えて長距離で移動する重量貨物車を対象に，インフラ利用に対する負担の公平性の観点から道路課金ルールが制定されたものであり，EU 各国において道路課金が行われている。

　また，経済成長とともに道路需要が増加する日本と同じ歴史を辿る中国では，道路整備のための財源が必要である。そこで，「融資による高規格道路及び大型道路橋及びトンネル建設の通行徴収に関する規定」を制定し，「その第 10 条において有料道路通行収入は融資の償還，道路構造物の補修及び料金収集システム以外に用いてはならず，償還後は無料化しなければならないことを規定した」（道路行政 2009: 800-801）とあるように，有料道路通行収入を道路整備費に充当している。このように，世界に類例がなかった償還主義を採用する日本の高速道路政策に，中国が追随し始めている。経済成長と道路整備を同時に達成する発展途上国にとって，道路整備財源確保のための方策として，極めて貴重な事例を日本は提供している。

6.4　タクシーにおける自由化の進展

　道路空間を走行するトラック，バス，タクシーに対しては，国土交通省自動車局による運輸行政が行われており，基本的には民営事業者（自治体が運営す

---

7)　この点について斎藤（2011）においては，「日本の有料高速道路は採算原則のもとで私的財として供給されるが，多くの国において高速道路は無料の公共財として供給される」と述べている（斎藤 2011: 11）。

8)　この点について竹内は，「マーケットに合わせて料金を取るのが合理的なのですが，そのための借金は，そもそもマーケットのことを考えて借金されているわけではないですよね。自らの裁量と違うところで借金が決められたわけですから，そこが通常の民間企業とは異なっていて，それらを考えるためにプロセスを踏んでいく必要があります」と座談会の中で述べている（森・石田・竹内・大串・太田 2013: 13）。

9)　フランスでは 2007 年以降，重量車のクラス，走行距離に応じて重量車課金を課している。財源は交通インフラ資金調達機構（AFITF）へ徴収され，その他，道路関係財源とともに持続可能な経済開発と拡大 EU における地域魅力確保のための投資計画として整備（道路 44%，鉄道 39%，水路 4%，都市 13%）に用いられる（松野 2010a）。

10)　ドイツでは 2005 年以降，重量車のクラス，走行距離に応じた重量車課金が課されている。財源は交通インフラ融資機構（VIFG）へ徴収され，交通インフラ整備（道路 50%，鉄道 38%，水路 12%）に用いられる（松野 2010a）。

るバスもある）が運営する事業に対しての許認可が行われている。運輸行政では厳しく参入規制・価格規制が行われていたが，1990年の物流二法（貨物事業者運送事業法と貨物運送取扱事業法）の規制緩和を皮切りに，2000年には貸切バスにおいて，2002年には乗合バスとタクシーにおいて道路運送法が改正され，需給調整規制が廃止され規制緩和が行われた。乗合バス路線の参入は免許から許可へ，退出は許可から6ヶ月前の事前届け出に変更された。タクシーは，事業区域毎の免許制から事業者毎の許可制へ，運賃については自動認可運賃の採用，下限割れに対しては個別審査といった大きな規制緩和が行われた。こうした規制の経緯については第3章1.2で議論を行う。

　タクシーの経済的規制を緩和している国として，スウェーデン，ニュージーランド，アメリカのいくつかの都市が挙げられる（Gaunt 1996）。それ以外の国において緩和がなされていない大きな理由としては，運転手の安全性や治安の問題が挙げられるであろう[11][12]。このように規制緩和を実施した国は非常に少ないことから，規制緩和国においてどのような政策が採用されていくことになるのかは，非常に貴重な内容となる。

　第6節では本書で関係する交通モードにおける自由化の進展の状況をみた。続く第7節では，経済学的な手法を活用して交通サービスへどのようなアプローチを行うことができるかについてみていきたい。

11）例えば1989年に参入規制と価格規制の両方を緩和したニュージーランドにおいては，運輸安全局が運送資格と免許の監査を行い，タクシー事業の質の確保を保ちつつ，運転手・乗客双方の安全確保のため2011年8月1日より都市部では社内安全カメラの搭載と24時間対応の緊急警報・対応システム（双方向通信可能で安全配備が可能）の設置が義務付けられた（松野2013a）。

12）例えば1990年に参入規制と価格規制の両方を緩和したスウェーデンについての状況は青木（1995）に詳細にまとめられている。青木（1995）によると，スウェーデンにおいては，規制緩和のデメリットとして交通弱者対策が想起されていた。もともと，規制緩和以前から交通弱者の利用に際して社会保障の一部として地方自治体がサービスを購入し，彼らに代わって料金を払う形態が採用されていた。そこで規制緩和後においては，このサービスに対応できる会社は，制度の受け入れに伴う自治体との交渉を担う配車センターを通じて対応することとなるため，この配車センターへの加入が悪質な運転手（事業者）を排除でき，質の確保に際してのシグナルとしての役割を果たしていることが示されている（青木1995）。

第7節　経済学的な手法による交通サービスへのアプローチ

7.1　公共財としての交通サービス

　交通サービスは公共財として供給されることが多い。まずは公共財の定義についてみていく。

7.1.1　公共財とは

　公共財とは，消費の非排除性と非競合性によって規定される。それ以外は私的財として供給を行うことが可能となる。ひとたびその財が公共財として供給されれば，すべての人がその財を等しく消費することができ（非競合性），その財の消費を排除することができない（非排除性）。

　黒川（1987）は，一杯のバケツの水や家庭用消火器の事例を出し，それらを交渉によって安定的に供給できる制度を獲得していく過程について説明している。「費用逓減，外部性，transaction-cost，free-rider 問題等は，公共財に関して生じているのではない。公共財との関連ではなくて，集合財との関連であり，より厳密には集合的行動（collective-action）と関連するのである。」（黒川 1987: 35）

　個人の行動から私的集合的行動に，そこからさらに公的集合的行動に移っていく際にルール化が非常に重要な役割を果たすことを示している（黒川 1987: 36-38）。そして，「既に述べたように，これまで公共財の理論として語られた議論は，ここで示すように集合財について語られたものと考えることが便利である。そこで，シュタイナーの定義が生きてくるのである。すなわち，「公共的に提供された集合財は公共財である」というものである」（黒川 1987: 38）とまとめている。こうしてみていくと，公共財を定義づけることは非常に困難であるし，公共的集合的行動に移されなければならない理由について考えていくことが必要となってくる。

　私的行動から公共的行動へ移る場合の動機として，黒川は，自発的な交渉による財，サービスの供給に失敗する場合を挙げている。すなわち，「自発的交渉が成立するには困難なほど，不確実な要因が大きい場合」[13] であるとして

いる。

　通常，公共的供給の要因として教科書的に思いつくものとして，独占，規模の経済，不確実性と情報の非対称性，外部効果，公共財，所有権の不確定を挙げてしまう。しかし，そうした要因が本当に公共的供給の要因となるのかについて，厳しく問うていく必要性があることがわかる。

　堀（2002）は交通施設の利用可能性について述べた論文において，「交通サービスは自然通路と利用可能性を除けばいずれも私的財に分類される」と述べている（堀 2002: 34）。また，非排除性と非競合性の程度をもとに財・サービスの分類を行いつつ，「公共財や私的財の位置づけは，記述的・実証的概念として捉えられるものであって，規範的な意味合いは含まれない」とも述べている（堀 2002: 36）。実際，第 2 章第 6 節でみてきたように，多くの交通サービスは公的セクターから民間セクターによる管理・運営にシフトしてきている。公共的供給の必要性が減ってきていることがその理由であると考えられる。

　公共財の定義は困難であるが，中条（1992）によってその定義と，その中で利用可能性をどのように位置づけているのかについてみていきたい。まず，「経済学の専門用語としての公共財の定義として有用なのは，社会欲求財と価値欲求財の 2 つである」と記している（中条 1992: 52）。社会欲求財（ソーシャル・ウォンツ）とは，マスグレイヴの定義を示しながら，「特定の個人の消費を排除せずに，政府が人々の支払意思を推測し，最適供給量を推定し，政府が費用を負担して社会の成員全部に一様に当該サービスを供給した方が効率的である」財とし，外交・国防の例を挙げている（中条 1992: 53-54）。

　また，価値欲求財（価値財）（メリット・ウォンツ）については，「特定の人の消費を妨げないで，支払意思を有さない人にも無料ないしは補助金によって供給することが『望ましい』財」とし，ワクチンの例を挙げている。そして，

13）　黒川はその「不確実な要因」とは，「具体的には，民主制を歪める力の行使がある場合，交渉の規模が大きくなりすぎた場合，個々の主体にとって，長期的なヴィジョンでの利益が見通せない場合，初期の投資が巨大すぎて，投資への自発的な同意が生じない場合，交渉相手に対して信頼がおけない場合，自分自身で消費する確率が極めて低いが，消費する場合には多大な負担となる財（PIP（probabilistic individual preferences の略である（筆者注））財）の場合，目先の利益を個人的に追っていくとき，社会的に生じるアンバランスが引き起こす危険の回避（所得分配の問題）等，数多くの場合を想定することができる」と述べている（黒川 1987: 38-39）。

競合性が高い財を価値欲求財とし，競合性の低い財を社会欲求財としている。

さらに交通施設の中で社会欲求財的性格を有するものとして一般道路とローカル鉄道を挙げている。一般道路については，料金徴収所によってそのアクセスをコントロールすることが技術的には可能であるが，その費用は禁止的に高いと言及している。ローカル鉄道については，「典型例は，ローカル鉄道がその地域のステータス・シンボルとしての便益を有しているケースである。鉄道の実際の利用については排除は容易であるが，利用可能性や存在便益は消費の競合性を有さないうえに，沿線住民のうちこのような便益に対して支払意思を有しているものとそうでないものとを識別するのが通常は困難である」（中条1992: 55）と述べられている。この交通分野における利用可能性について以下でみていきたい。

7.1.2　利用可能性とは

利用可能性について，「交通施設は実際の利用便益のほか，いつか利用する可能性，すなわち先物需要としての便益や施設の存在自体にも便益を有する」と定義している（堀 2002: 36）。

典型的には，地方鉄道がその地域におけるステータス・シンボルとしてその便益を有している場合がある。地方鉄道が存在することによって，地図に路線図が示され，バス路線網が地図に表示されないことに比べて，その地域へのアクセスの容易性を示すことができる。こうした利用可能性の内容については，第5章の鉄道をケーススタディとした分析において検討する。

もっともこうした見方については，外部性があるからといって即，公的供給や費用負担を公的財源に求めることができるわけではないことが衛藤（1988)[14]，中条（1992)[15] によって指摘される。

---

14)　このことについては，「外部効果は，財の供給が付随的に発生させている副次的効果そのものであり，人々が本来的に需要する財そのものとは異質のものである。財とは，人々の欲望を満たすために必要とされる有形・無形の有用物であり，財と効果とは本来的に異質のものである。したがって，財は財，効果は効果として区別して考えた方がよいのではないだろうか。こうして，利用可能性という外部効果が形式的に公共財の要件を備えているからといって，それが実体上の財でない以上，公共財として性格づけることに疑問が残るのである。そしてそこから，利用可能性という外部効果をもたらす公共交通サービスに公共財的性格付けを与えることに異論が生じるのである」（衛藤 1988: 33）と述べられている。

7.2 社会的規制と経済的規制

公共的関与としては，規制もある。規制は大きく社会的規制と経済的規制に分けることができる。社会的規制は安全規制などをさすが，本書では対象とはしない。経済的規制は参入規制と価格規制に分類され，資源配分の効率という観点から規制が行われる。

7.2.1 参入規制

参入規制は交通サービスが自然独占的性質を持つことから正当化される。規模の経済が働いて平均費用が低下する費用構造においては，複数社で供給するよりも1社で供給する方が有利となる。一度投下した資本は過当競争によって無駄となってしまう。そうした埋没費用を減らす観点から，ある程度の参入規制を課すこととなる。

第3章のタクシー市場の分析においては，タクシー事業の参入規制の緩和について取り扱っている。タクシー事業においては，その費用構造上に参入規制の根拠となる規模の経済が存在するのか，ということが最も大きな問題点となる。

7.2.2 価格規制

価格と限界費用が等しくなるように運賃を設定することによって，最大の経済的余剰が達成され，資源配分上効率的であることが経済学に導かれている。しかしながら費用逓減産業においてはそのような運賃設定を行うと赤字が発生してしまう。そこで，限界費用価格規制と損失補償をくみあわせる考え方や，平均費用価格規制を行うといった考え方で対応がなされる。

交通事業は，サービスの必需性と自然独占性を有することから参入規制とともに独占利潤の獲得を制限するための価格規制を受ける。ここでは価格規制の考え方について触れながら，交通事業における価格規制の事例を示す。

---

15) このことについては，「一般道路や利用可能性をソーシャル・ウォンツとして一般納税者の負担によって維持することがただちに正当化されるわけではない」として，「利用可能性や存在便益についても，クラブ制や二部料金制による対応を考えることができる」（中条 1992: 55）と述べられている。

(1) 原価補償方式による価格設定

高速道路（高速自動車国道の場合）の料金は，道路の新設，改築，その他の管理に要する費用と一致するように設定されている。高速道路建設のための債務の償還期間は，道路公団の民営化によって 60 年（2014 年 5 月，道路整備特別措置法などの関連法改正により，有料期間は 2065 年まで）となっている。

(2) 総括原価方式による価格設定

交通事業においては，「適正な原価を償い，かつ，適正な利潤を含むものであること」が課せられていて，この考え方を総括原価主義（full cost principle）と呼ぶ。この原則のもとで運賃水準は，総収入が資本に対する報酬をも含めて定義される総費用を償うように定められる。総収入＝総括原価＝諸費用（適正原価）＋適正利潤（公正報酬）ということである。そのために公正報酬率を設定することになり，〈式2-1〉で示される。

$$R = E + (V - D) \times r \qquad \langle 式 2\text{-}1 \rangle$$

ここで，R：総収入，E：資本費以外の営業費，V：使用資産額，D：減価償却累積額，r：公正報酬率を表している。例えば鉄道（中小民鉄）においては，鉄道部門における原価（10% 配当所要額分の適正利潤を含む）に見合った収入が得られるよう運賃の設定が行われている。

(3) ヤードスティック方式による価格設定

総括原価方式ではコストを下げるインセンティブが損なわれる X 非効率という問題が生じる。そこで，他企業の費用を参考に運賃を決定し，当該企業の費用を直接的には運賃決定に加えないという方式がとられている。

JR，大手民鉄，地下鉄においてはこの方式が用いられる。グループごとに算出される経営効率化インセンティブが考慮されている。

タクシーの自動認可運賃もこの方式である。自動認可運賃とは，当該事業区域の中で標準的に能率的な経営を行っている事業者の中から原価計算対象事業者を抽出し，これらの事業者の平均原価をもとに算定された運賃を基準として，一定の範囲にあるものについては認可される。2002 年の規制緩和によって認

可制のもとでのゾーン運賃制（総括原価方式による）から，認可制のもとでゾーン運賃制時のゾーンの車種区分や課税区分の統合による新しい範囲の中にあるものについては，速やかに認可を行うこととなっている（総括原価を超えないこと）。

2014年1月に施行された「特定地域及び準特定地域における一般乗用旅客事業の適正化及び活性化に関する特別措置法」に基づき，特定地域又は準特定地域においては，国土交通大臣が指定する公定幅運賃となっている。公定幅運賃の範囲の設定基準・算定方法は自動認可運賃と同じである。

(4) 自由化の進展により必要とされる弾力的な料金設定

完全競争市場において適正に資源を配分するためには，限界費用価格形成原理に基づく運賃設定を行うことが妥当である。しかし，自然独占的な性格を持ち，費用逓減型産業である交通事業にこの原理を適用すると赤字が発生してしまうし，このような価格でサービス提供をする事業者は現れない。そこで収支均衡を目指すことが次善の策となる。

また，民営化や規制緩和が進展することから，事業運営に際しては採算性が重視されることとなる。採算性を重視するとは，まずは収支均衡を目指すということである。自然独占企業においては収支均衡下において資源配分効率の最大化を行うということであり，ラムゼイ価格形成（Ramsey pricing）と呼ぶ。これは資源の効率的な配分を達成する限界費用価格形成に対して，次善の価格と考えられる。ラムゼイ価格形成に基づく運賃は，それぞれの市場における運賃の限界費用からの乖離の割合が，そのサービスに対する需要の価格弾力性と反比例するような運賃となる，というものである（〈式 2-2〉）。

$$\frac{p_i - MC_i}{p_i} = \frac{k}{\varepsilon} \qquad \text{〈式 2-2〉}$$

ここで，i：財の種類，p：価格，MC：限界費用，ε：需要の価格弾力性，k：定数を表している。ラムゼイルールでは，非弾力的な財ほど高い価格をつけることになる。盆暮れのホテル代や航空券が高い値段になることは社会的に受容できるであろうが，生活必需財にこのルールを適用することは公平性の観点からは注意が必要となる。とはいえ，民間の創意工夫が重視されており，市

場の状況をみた価格設定を行うことが求められる。例えば料金弾力性が高いところで値上げを行えば，需要は逃げてしまうため，収入増にはつながらないが，料金弾力性が低いところであれば需要はあまり動かないため，収入増となる。例えば鉄道においては，回数券利用に際して，通常時と比べてオフピーク時に利用する方が回数券の1枚当たりの料金が安いものを発行している。また，JRでは特急券販売において，概ね通常期と比べて閑散期には安く・繁忙期には高く料金設定が行われている。民営で事業を行うにあたって弾力性をある程度考慮した料金設定がなされている。

　山内（1987）においては，東名，名神を対象に，価格弾力性を推定し，車種別のラムゼイ価格を計算している。そこから，大型車のかなりの程度の料金引き上げと特大車の若干の引き上げが必要であることが導かれている。

　これまでにみたような料金政策に関する問題を取り扱っているのが，第3章の価格に関する分析であり，タクシーをケーススタディとして議論を行った。また，第4章のインフラ整備に関する分析においては，高速道路をケーススタディとして議論を行ったが，そこでも価格が重要なキーワードとなる。

　第7節では，経済学的な交通モードへのアプローチがどのように行われているのかについてみてきた。第8節では，最適な交通手段を目指すためにどのような視点が必要になるのかについてみていきたい。

第8節　最適な交通手段を目指して

8.1　輸送機関の特性比較

　都市内交通における輸送機関の特性比較は新谷（2015）で行われており，**表2-2**で示した。輸送機関の特性として，利用者側の視点からは，迅速性・快適性・機動性，低廉性，安全性が，計画（本書で述べている「供給者」と捉えて差し支えない）側の視点からは，建設費・大量性が挙げられている。経済学的に最適という場合には，社会的余剰を最大化するように，と結論を簡単に導き出すことができるが，現実の状況で必要な交通機関を考えていく場合には，具体的にこうした要素について検討をしていくことが必要となる。そしてそうした検討を加えられた結果が，本書で考えていきたい利用者視点に立った交通と

表2-2　各輸送機関の特性比較

| 主要輸送機関 | 利用者側 | | | | | 計画側 | | 中量および大量の輸送機関における問題点を克服するために考えられる今後の課題 |
	迅速性	快適性	機動性	低廉性	安全性	建設費	大量性	
鉄道（郊外線）	◎	△	△	◎	◎	△	◎	混雑緩和推進，乗換設備改善
（地下鉄）	◎	△	△	◎	◎	△	◎	同上
新交通（中量）	○	○	△	○	○	○	○	他の交通機関との結節改善
バス	△	○	○	○	○	◎	○	効果あるバス優先方策の推進
タクシー	○	◎	○	○	△	◎	△	
乗用車	○	◎	◎	△	△	◎	△	

注：◎…優れている，○…普通，△…劣っている，をそれぞれ表す．
出典：新谷（2015: 120）。

表2-3　各輸送機関の輸送能力の報告値の範囲

	輸送能力の報告値の範囲
鉄道	40,000〜50,000 人/時・方向
路面電車	5,000〜24,000 人/時・方向
バス	4,000〜18,000 人/時・方向
自家用車	620〜　2,400 人/時・車線

出典：新谷（2015: 120）。

いうことになるだろう。

　これによれば鉄道（郊外線）は迅速性，低廉性，安全性，大量性で優れており，快適性，機動性，建設費で劣っている。タクシー・乗用車は快適性，機動性，建設費で優れており，低廉性，安全性，大量性で劣っている。

8.2　輸送機関の輸送能力

　また，各輸送機関の輸送能力について，新谷（2015）から表2-3で示した。これによれば鉄道は40,000〜50,000 人/時・方向であり，自家用車は620〜2,400 人/時・車線となっている。

8.3　都市間交通の分担率の実態

　都市間交通の代表交通機関別の分担率は，図2-1 に示した[16]。流動量の多

---

16)　これまで（1990年度，1995年度，2000年度，2005年度）は平日の比較を行うことができたが，2010年度では平日・休日が合計されているため，経年比較を行うことができない。

第8節　最適な交通手段を目指して

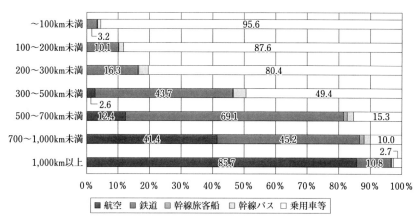

図2-1　距離帯別代表交通機関別分担率【年間（平日・休日）】（2010年度）
出典：国土交通省（2013: 8）。

い（全距離帯に占める割合は80%）300 km未満では乗用車等の利用が圧倒的に多い。300 kmから段々と鉄道の割合が増え，300～500 km未満において鉄道は乗用車等に迫り，500～700 km未満では69.1%と鉄道が有意になる。しかし，700～1,000 km未満において鉄道（45.2%）と航空（41.4%）が拮抗し，1,000 km以上では航空が85.7%と優位になる。700～1,000 km未満というのは，東京―岡山間は新幹線を選択するが，東京―広島間は航空を選択する，といった兼ね合いのところである。所要時間と金額に応じて機関選択が変化する。交通ネットワークの整備によって人々の移動が増え，交流によって経済活動が活発になり付加価値が高まっていくことが期待される。

8.4　最適な交通手段を目指すために

　新交通やバスなども含め，その都市において，輸送機関の特性や輸送能力を考慮して最適な交通手段を組み合わせていくことが求められる。また，タクシー類似サービスや自動運転技術など，新たな交通形態も誕生していることから，これらを利便性が高まるように組み合わせていくことが考えられる。そしてその交通手段の料金設定においては弾力性の視点が欠かせないし，運営においては利用者視点に注視して，民間の創意工夫を促す仕組みづくりが求められる。

第9節　交通事業者による交通サービスの新展開

9.1　利用者視点の交通政策が求められる背景

　日本全体では経済の低成長と少子化の進展がみられる。このような時代には限られた資源も財源も効率的に使うことが求められる。これまでの交通は需要増に合わせて，ハード整備を行うことが最優先とされてきた。しかしネットワーク整備がある程度概成したことで，インフラをどのように活用するかについてソフト的な視点の重要性が増している。人々が豊かになった時代において，交通においてもより便利に高質で，利用者の視点に立って考えることが求められる。

　少子化に伴って陸上交通全般にわたって利用者減少が進んでいる。したがってこれまでよりも一層，利用者のニーズに合わせた対策をとっていく必要がある。利用者のニーズとは，料金のあり方を変えることや，情報通信などの技術を用いてより使いやすくするといったソフト的な方策を行っていくということである。そのような交通市場の状況を読み解く際には，需要や供給，価格メカニズムといった経済学的なツールを用いることが，非常に有益である。特に情報通信技術の進展によりデータを収集・解析することが容易となっており，これからのさらなる活用が期待される。

9.2　利用者重視の交通事業者の創意工夫

　以下では第2章9.1の問題意識に立ち，利用者のニーズを考慮し，情報通信技術やソフト的な施策を行うことで交通サービスの利用拡大につなげている事業者の事例を紹介する。

（1）航空の例

　例えば航空においてはイールドマネジメント（旅客キロ当たり収益の最大化を目指す経営手法）によってピーク時には高く，閑散期には安く，予約時期が早ければ安く，遅ければ高く設定されるようになっている。藤井（2013）によると，全日空（ANA）で利用しているプロス（PROS）というレベニュー・マネ

第9節　交通事業者による交通サービスの新展開　　　49

ジメント・システムでは,「ダイヤ情報, 過去便の予約結果, 将来便の予約状
況, 予約クラスごとの運賃, また市場の変動を勘案して, 路線別のアナリスト
が導き出した情報を PROS にインプットする。すると, 需要予測, 統計処理,
座席配分の最適化, 発売総数の最適化が自動で行われる」とのことである (藤
井 2013: 37)。こうしたシステムの構築によって一律の価格であったときよりも,
さまざまな選好を持つ利用者の需要が取り込めるようになり, 需要拡大, 収益
拡大に貢献している。

(2) 新幹線の例

　新幹線の指定席特急券販売においては, 窓口で購入すると正規料金となって
いるが, 事前・会員カード決済であれば割引が適用される。また, 指定席にこ
だわらなければ宿泊との旅行パックにすることで十分に安い価格にすることが
できる。新幹線の指定席特急券販売においても航空のようなイールドマネジメ
ントが行われていると考えることができる。

(3) 鉄道の例

　価格弾力性の大きい観光鉄道においては, 鉄道事業者においてさまざまな営
業の工夫が行われている。観光鉄道としてはまず, 1回の利用が100万円にも
せまることで話題性をさらった JR 九州が提供するクルーズトレイン「ななつ
星 in 九州」が想起される。また, 東北エリアの被災地支援と食のコラボレー
ションを行う JR 東日本が提供する「TOHOKU EMOTION」もある。地域活
性化の起爆剤となることをねらって肥薩おれんじ鉄道が提供する「おれんじ食
堂」もある。特に地方鉄道は, 沿線産業の空洞化, 少子化に伴う沿線人口の減
少, モータリゼーションの進展によって鉄道利用者数の減少に直面している。
そこで観光列車を運行させることによって地域活性化をはかるとともに, 収入
拡大への取り組みを行っている。主たる目的が他にあってそれを達成するため
に鉄道インフラを単に移動することだけに利用する (派生需要) のではなく,
食や丁寧な接客サービスといったソフト的付加価値をつけることによって, 乗
ること自体を楽しむ (本源的需要) ことに成功しているのである。

（4）バス事業の例

　イーグルバス株式会社というバス会社では，供給側データであるバスデータに着目し，バスが何分遅れているか，停留所で何人乗降し，何人乗車中であるか，という情報を収集・分析し，バス事業の「見える化」を行い，効率的な運用へとつなげていることが，谷島・坂本（2014）によって紹介されている。例えばバス遅延時間についての運行の「見える化」においては，計画ダイヤと実ダイヤの差異を表示させている。また，問題点抽出システムを開発し，設定条件に応じた問題点（乗車人員，到着遅れの時間等）を明らかにしている。こうした事業の見える化によって，業務の効率化，確実性の増加に貢献したのみならず，運行遅延解消と鉄道駅での接続改善という品質改善まで行われている。

（5）高速バス事業から鉄道事業へ参入した事例

　高速バス事業から鉄道事業へ参入した事例を紹介する[17]。WILLER ALLIANCE 株式会社[18]の子会社である WILLER EXPRESS JAPAN 株式会社が高速路線バス事業を行っていた。WILLER ALLIANCE 株式会社は 2014 年 7 月に WILLER TRAINS 株式会社を設立した。この会社が 2016 年 4 月 1 日から京都丹後鉄道の第二種鉄道事業者として，鉄道事業の運行を行っている（第一種鉄道事業者であった北近畿タンゴ鉄道は，2016 年以降，上下分離によって第三種鉄道事業者となった）。これまで，鉄道事業者からバス事業を行う事例は数多くあったが，バス事業者から鉄道事業を行うのは初めてのことである。交通モードごとに分けて考えるのではなく，WILLER ALLIANCE 株式会社の企業理念である「世界中の人の移動に，バリューイノベーションを起こす」という発想に立てば，さまざまな交通事業の運営を行っていくことは，ごく自然の流れともいえる（京都丹後鉄道・WILLER TRAINS 2016）。

　鉄道の利用者にとっても，その鉄道の運営主体が，もとはバス事業が主体であったことなどは，気にすることではない。重要なのは，快適で便利に鉄道事

17）　ここでの記述はヒアリングと以下の資料に基づくものである。
　　ヒアリング：WILLER TRAINS 株式会社取締役管理本部長　布野剛氏。管理部総務人事課　丸山桂氏。
　　資料：京都丹後鉄道・WILLER TRAINS（2016）「WILLER TRAINS 会社概要」。
18）　WILLER ALLIANCE 株式会社は 2017 年 3 月に WILLER 株式会社へ社名変更した。

業を提供できる主体が運行を担うことである。

WILLER TRAINS 社は，京都丹後鉄道の事業を通じて交通のネットワーク化，すなわち，鉄道を基軸として，沿線地域全体を網羅する公共交通の構築を目指している（京都丹後鉄道・WILLER TRAINS 2016)。それは，主要駅から移動距離に応じた最適な交通を選択できるようにする，というものである。モードとしては，レンタサイクル，小型モビリティ[19]，タクシー，カーシェアリング，レンタバイク，路線バスなどを想定しており，それらを利便性が高まるように組み合わせて提供することを検討している。また，それとともに，ICT を活用した利便性の高いサービス提供として，乗降および乗継の利便性向上，利用者を会員化しコミュニケーション促進をはかる，マーケティングデータを活用した商品開発を行うことを目指している。この商品開発には企画乗車券など交通に関連するもの以外に，教育の場の創造など新しい事業が検討されている。

(6) タクシー類似サービスの例

スマホアプリを活用したタクシー類似サービスも登場している（松野 2014c)。これは利用者の呼び出しに応じて配車をするプラットフォームで，Uber 社，Hailo 社，Zimride 社，Lyft 社などさまざまな事業者において世界中で行われている[20]。経路探索システムにより，標準的なルート設定のもとで料金が決まる仕組みとなっており，納得感のある価格設定や利便性が利用者拡大に貢献している。ただし，料金は需給によって設定される（ダイナミックプライシング）サービスもあり，暴利行為と批判する声もある。基本的に運転手・乗客双方で評価し合う。運転手・乗客が評価に応じて双方で選択するため，質が確保されている。海外で利用が急拡大しているタクシー類似サービスは，国内では過疎地限定となっている（第6章第2節において記述)。

9.3 交通手段の連携や接続の改善による利便性の向上

交通手段の連携や接続の改善によって利便性の向上をはかることも求められ

---

19) ヒアリングにおいては，「自動運転などの最新技術を取り込んだ新しい交通機関」との回答。

20) このうち日本で営業しているのは，Uber 社と Hailo 社であり，道路運送法におけるタクシー事業ではなく，手配旅行を主催する旅行業としての扱いで登録がなされている。

る。例えばパーク・アンド・ライドは，末端の交通を自動車に依存し，幹線の交通を公共交通である鉄道やバスに依存し，結びつける方法である。これによって車による幹線の移動距離を節約し，都市内の渋滞の緩和や移動時間の短縮を期待することができる。

公共交通機関どうしの連携をはかるため，鉄道やバスの接続時刻を合わせる方法もある。これによってバスの利便性が改善する事例は，既出のイーグルバス社，WILLER TRAINS社でも紹介されている。

レンタサイクルといって，街中や駅前にある専用駐輪場から，共有自転車を乗り降り自由にレンタルすることによって，街中の移動や駅とのアクセスを改善している事例もある。千代田区の「ちよくる」，横浜の「ベイバイク」など，さまざまな都市での導入が行われている。

空港と鉄道の接続という事例もある。宮崎空港には，鉄道が接続し，宮崎空港駅がある。多くの日本の空港は市街地から離れたところに立地することが多く，そのため空港と鉄道との連携をとることは困難となっている。政令市以上の人口規模を有し，需要が見込めるところではアクセス鉄道の整備が行われている。

このようにさまざまな交通モードを組み合わせることによって，移動可能性を高めることで利用者の利便性を向上させることが可能となる。

9.4 利用者視点の交通政策の必要性

このようにさまざまな交通事業において利用者拡大のための創意工夫が行われている。例えば鉄道が事業運営を行う中では，運賃においては総括原価方式で裁量性がないことから，特急券販売などにおいて弾力性を重視した料金設定を行うことで利用者を拡大し，収益の確保が行われている[21]。

また，タクシーにおいても一律的な規制が行われていることから，タクシー類似サービスのように，日本では白タク行為とみなされる営業が，日本のみな

---

21) 航空運賃は事前届出制における変更命令となっており，届出の範囲内での運賃設定が可能である。しかし不当競争や旅客の利害を阻害する場合には監督官庁による変更の余地が残されている。そうしたことから，格安航空会社（LCC）によって，成田から那覇や福岡便の5円運賃などが登場している。

らず世界中で普及する余地を生んでいる。

　事業者は単なる交通事業者であることにとどまらず，交通を通じて価値の創造を行っており，街の中の移動の利便性を高め，経済を拡大していっている。もともとバス事業を行っていた会社が鉄道事業に参入し，新しい発想で事業を行っていくことによって，利用者の選択肢が増え，競争が起こり，市場が拡大していく。そのような事業者の創意工夫を念頭に置き，利用者拡大につながる政策の展開が求められる。

小括

　第2章では，効率と公正の達成を念頭に全体像を示した。第1章でみた交通問題の現状と政策を受けて，本書におけるリサーチクエスチョンを示し，分析の内容を示した。その分析の内容に従って先行研究のサーベイを行い，本書が対象とする内容を明らかにした。そして鉄道・道路・タクシーの自由化の進展について概説し，経済学的な観点から利用者視点に立った交通事業へのアプローチを確認した。交通機関の輸送特性について解説し，交通事業者の新しいサービスの展開をみることによって，利用者視点に立った交通政策の必要性について確認した。

　第3章では，価格変化による交通サービス需要の変動に関する事例分析として，タクシーの弾力運賃についての分析を行っていくことにする。

第3章　タクシーの弾力運賃

　タクシー事業は 1947 年の旧道路運送法の公布によって規制が始まり，徐々に厳格な規制がなされるようになったが，1990 年代に入ると規制緩和が次第に進展していった（詳細は第 3 章 1.2 参照）。そして 2002 年に大規模な規制緩和が行われたものの，車両数増や事業者の経営悪化が問題視され，2009 年には再び規制強化に転じることとなる。

　筆者は，タクシー市場の観察を始めた 2012 年時点において，規制緩和によって，利用者視点に立ったタクシー市場が創出されることを期待していた。例えば，タクシーがより安く利用しやすいものになる，短距離の移動が楽になることでもっと人々が移動するようになる，さまざまな料金プランが誕生して，新しい利用の仕方が生まれる，そうしたことが起きるのではないかと想像していた。

　実際に，2002 年の規制緩和では，民間活動を可能な限り市場原理に任せ，事業者間の活発な競争を通じて消費者利益を増大させることを目的とすることが謳われていた。

　しかしながら，規制緩和後の料金は，海外で利用するときと比較して，日本では非常に割高に感じる料金水準のままで，変わらなかった。京都や大阪では，タクシー料金の競争が起こり，格安で事業規模も大きい事業者が誕生していたが，東京ではそうした動きはほとんどみられなかった。羽田空港への定額運賃など新しい料金プランも生まれたものの，他に料金のバリエーションは登場しなかった。マタニティタクシーなど，タクシーならではのサービスも若干は生まれたし，他にも新しいタクシーサービスはまだまだ生まれそうなものであるが，そうした動きはあまりみられなかった。タクシー事業において，利用者視点という言葉を聞くことができず，代わりにタクシー事業は厳しい，規制を強化しなくてはならない，という声ばかりが聞かれるようになっていた。

第3章では，価格変化による交通サービス需要の変動に関する事例分析として，タクシーの弾力運賃についての分析を行う。第1節では，タクシーとは何かということを大きく捉え，タクシー市場の規制改革の経緯を概観する。そして「市場メカニズムを通じて社会的余剰の最大化を図るという経済学の原理に照らして，現状をどう評価するか」というリサーチクエスチョンに基づき，規制前後の運賃の変化をみている。規制改革後，多くの都市で運賃が値上げされていることがわかる。さらに，タクシー運賃の変化が市場に与えた影響を明らかにするために，運賃の値下げ都市と値上げ都市のそれぞれの特徴を捉える。

第2節では，規制緩和による効果をみるために需要関数の推定を行う。推定結果からは価格変更を行ったことで事業者の収入がますます減少することが導かれる。こうした分析から，規制緩和を行ったにもかかわらず，運賃が上がるのは，市場集中度の高さに原因があると仮説を立てることになる。

そこで第3節では，運賃の値上げとタクシー事業者の集中度の関係についての計量的な推定を行う。推定結果からは両者の関係性を認めることができる。

最後に，以上の検討を踏まえて，「人口減少・低成長下にはどのような形の公的関与（規制や財政支援など）のあり方が望ましいか」というリサーチクエスチョンに基づき，利用者の利便性を高めることのできる規制のあり方について展望する。

第1節　タクシーとは

1.1　タクシーの概要

道路上で旅客輸送を行う行為については，道路運送法で規定されている。タクシーのように有償で旅客を乗せて運行を行うことは，道路運送法第4条で定める「旅客運送事業」にあたり，国土交通大臣の許可を得なければならない。

タクシーは全国で 226,010 両，輸送人員は 15 億 1,222 万人（/年），営業収入は 1.63 兆円（同）となっている（2016 年 3 月 31 日現在）。個人タクシーは営業収入全体の 8.1% と非常に小さく，法人タクシーが圧倒的な規模となっている。日本では大手の事業者がある一方で，大多数は小規模事業者による運営となっている。しかし，事業者ごとに特色あるサービス展開がなされているわけ

ではない[1]。

タクシーは24時間ドアツードアの地域公共交通サービスである。運転者の賃金は基本的には歩合制で支払われるため，乗務距離を増加させたい，長距離客を優先したいという心理が働く。よって，乗車拒否をしないことは定められているものの，運転者の態度に問題があることも生じてくる[2]。また，長時間乗務により収入を確保しようという心理も働くため，長時間労働による労働条件の悪化が懸念される。

タクシーは生産費用の7割が人件費となっており，固定費の占める割合が小さい（社団法人東京乗用旅客自動車協会2012）。公的な規制を行う根拠として，規模の経済が働くことは大きな理由となりうるが，その点，タクシーに規模の経済があるのかどうかについては，検討の余地がある。

事業者の運送形態は地域によって大きく異なる（国土交通省2005）。大都市では，流し，駅・辻待ち等が86%と大多数を占めている。一方，流し，駅・辻待ち等が地方都市では12%，町村では15%と非常に低く，流しが成立しないところもある。そうしたところは無線配車が5割と重要になってくる。

ハイヤーとタクシーの違いから，タクシーの特徴を明示したい。ハイヤーは利用者が呼び出しを行い，運転手が出庫してから帰庫するまでの時間に対して料金を支払う。車両も高級なものが多い。一方，タクシーは時間距離併用制でメーターをもとにして料金を支払う。車両も一般的な大衆車が多い。タクシーは上述したように，流し，駅・辻待ち等によって乗客を獲得する。よって，ハイヤーと違って，タクシーは街中が営業範囲となる。そしてタクシーを呼び止めた乗客はそのタクシーの運転手の質をあらかじめ知ることができないという情報の非対称性がある。そのため，タクシーは公共交通としての位置づけがなされ，後述する厳しい規制が行われてきた。利用者が選別することのできるハ

---

1) 事業者ごとに運転手教育がなされているようだが，現場で行われるサービスは運転手本人が行うことであることから，接客の品質にはムラがある。東京，神奈川，大阪などでは，タクシーセンターに苦情を申し立てることができる。そのため，東京では挨拶すらしない運転手には遭遇しない。しかし，地方都市では，終始無言の運転手に遭遇することは珍しくない。

2) 流しのタクシーでは，子連れの女性客は近距離であろうと推測するのか，ビジネスマンと思われる男性客を選別することが実際に起きている。タクシーの利用者離れは後でみていくように久しいが，利用者の信頼を獲得していく地道な取り組みを行っていくことは当然に求められることである。

イヤーなどの呼び出しならば，自由競争が働くことを期待できるため，厳しい規制は必要ない。ハイヤーとタクシーの大きな違いは，「情報の非対称性」ともいえる。

次からはタクシーにおいて行われてきた厳しい規制の経緯についてみていきたい。

1.2 タクシー規制の経緯

1.2.1 戦後の規制[3]

1947年の旧道路運送法の公布によって，タクシー事業について免許[4]制，タクシー運賃については，物価統制令（1946年3月）に基づき指定された運賃額の範囲で認可することとされた。また，道路運送委員会の制度が設けられ，免許の際にはその意見を聴かなければならないこととされた。

1948年に旧道路運送法に基づき，戦後初の新規免許が行われた。

1951年の道路運送法施行により，免許基準に需給調整条項が盛り込まれるとともに，運賃定額制が導入された。また，旧道路運送法の道路委員会に代えて道路運送審議会が設置された。1952年11月，道路運送法に基づく初の運賃改定が認可された。

1953年10月，道路運送法の一部が改正され，道路運送審議会に代えて需給の調整等に関する基本的方針についての陸運局長の諮問機関として自動車運送協議会が設置された。

朝鮮戦争休戦による経済不況にともないタクシー不況に陥ったため，1955年，東京陸運局自動車運送協議会の答申に基づき東京の新規免許・増車が停止された。1956年，第二種運転免許制が導入された。1956年後半から神武景気を迎え，タクシー需要が伸びたことにより，タクシー運転手の過剰労働問題が起きる。8月には，自動車運送事業等運輸規則が改正され，運行管理者の選任，事業者，運転者が安全確保のため遵守すべき事項の整備等の規定が設けられた。

---

3) ここでの記述は社団法人東京乗用旅客自動車協会（2010），財団法人運輸経済研究センター（1990），財団法人運輸振興協会・運輸省自動車交通局監修（1994）を参照し，作成した。

4) 運輸大臣が免許をするときは，その地域における輸送需要と供給輸送力のバランス，法人事業者の適切な事業遂行計画・能力の有無，公益性の基準に適合するかどうかを審査して行う。

しかし 1957 年には，神武景気終了後の鍋底不況を迎え，運転手に対するノルマが強化され，速度違反，一時停止不履行などの乱暴運転が起こり始める。1958 年 1 月 30 日の東大生死亡事故を契機に「神風タクシー」（粗暴運転）が社会問題化した。4 月には内閣交通事故防止対策本部が「タクシー事故防止対策要綱」を決定した。そして 6 月に自動車運送事業等運輸規則の改正が行われ，ノルマの禁止，大都市の乗務距離の最高限度等の規定を設け，8 月，最高乗務距離（東京特別区については 365 km/運転手の拘束時間）が設定された。

参入規制政策によるタクシーの供給力不足を背景に，白タク（もぐりのタクシー）が大量発生し，1959 年，警察庁が白タク取締りを全国に指示する状況となった。同年 7 月，東京陸運局自動車運送協議会は 2,800 台の増車が必要であるとする答申を出す。

神風タクシー問題を契機として個人タクシーを導入すべきとの声が高まったことにより，12 月には，初の 1 人 1 車制の個人タクシー営業免許が交付された。この頃から岩戸景気で好調であったことから，タクシー需要が増大し，新規免許，増車が連続的に行われた。12 月には，タクシーの 24 時間営業体制が発足し，深夜早朝の営業もカバーされるようになった。1960 年 9 月，道路運送法の一部が改正され，法律上，運行管理者の選任が義務づけられることとなった。1964 年 1 月，東京特別区の運賃が 15％ 引き上げで改定された。オリンピック開催に向け，オリンピック増車（3,567 台）を行い，タクシー乗り場を整備するとともに，計画配車を実施した。いざなぎ景気の好況期を受けてタクシー需要の増加に供給が追いつかず，乗車拒否，不当運賃請求（雲助タクシー）等が横行し，社会問題化した。そのため，1963 年に行政管理庁による免許廃止[5]勧告が出され，1964 年，第 1 次臨時行政調査会によって免許廃止・地方委譲が提案された。しかし，タクシー業界の反発にあい，1965 年には免許制度の存続と地方委譲に関する現状維持の方針が決定された。タクシー供給力不足は，乗車拒否，ヤミ運賃のみならず，神風タクシー問題の再来をもたらした。運転手が過重労働に追われたことから，1967 年 2 月，労働省から「自動

---

5) 免許をする際には行政上の措置を必要とすることから，市場の需要に柔軟に応えられないという問題点がある。そのため，免許廃止を提案したのである。免許廃止が実現されるのは 2002 年の改正道路運送法施行による。それによって免許制から許可制へ規制緩和された。

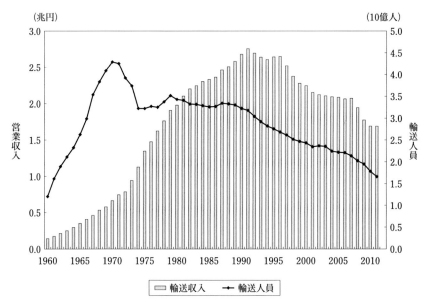

図 3-1 ハイヤー・タクシーの輸送収入と輸送人員
出典:国土交通省自動車交通局(各年版)『数字でみる自動車』全国乗用自動車連合会より作成。

車運転者の労働時間等の改善基準について」の通達が出され,運転労働者の実作業時間,運転時間について基準が設けられた。

また,1969年5月に道路運送法等の一部が改正され,自動車運送協議会が廃止され,新たに地方陸上交通審議会が設置された。さらに,供給力不足を背景とするタクシーサービスの品質低下問題に対処するため,5月にタクシー業務適正化臨時措置法が施行され,8月に東京と大阪でタクシー業務適正化臨時措置法の実施事務(運転手登録,個人タクシーへの乗務証の公布,乗車拒否等防止の指導,苦情の処理,運転手の休憩・食事施設の運営)を行うタクシー近代化センターが発足した。1970年に42億8,900万人という輸送人員のピークを迎える(図3-1)。

1970年3月に東京特別区運賃改定がなされ,時間距離併用制,深夜早朝割増制も導入される。この後,タクシー運賃改定はほぼ2年ごとに実施され,事実上のローテーション制となった。

タクシー供給力不足に伴うサービス品質低下によって,タクシー需要に陰り

第 1 節　タクシーとは

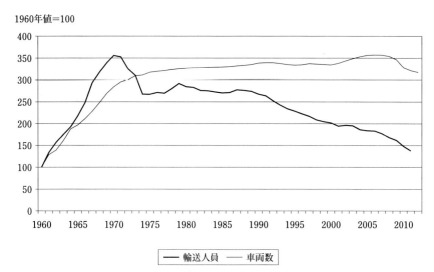

図 3-2　輸送人員と車両数の比較

注：ピーク時の伸び率については，輸送人員 (339.0 (1969 年)) と車両数 (357.2 (2006 年)) に比べて輸送収入 (1925.4 (1991 年)) が 5.67 倍と遥かに大きく，輸送人員と車両数の関係がみえなくなることから，輸送収入の伸びを表示させていない。
出典：国土交通省自動車交通局（各年版）『数字でみる自動車』全国乗用自動車連合会より作成。

が見え始めた。図 3-1 では，1960 年に 12 億 500 万人であった輸送人員が 1970 年に 42 億 8,900 万人と急激に増加しピークとなったものの，1971 年には 42 億 5,200 万人と減少を見せ，1972 年には 39 億 1,900 万人，1974 年には 32 億 2,200 万人と減少する様子が示される。

1971 年 8 月 20 日に運輸政策審議会は「大都市交通におけるバス・タクシーのあり方，およびこれを達成するための方策」の答申を提出した。これはタクシー産業に対する参入・退出および運賃に関する大幅な規制緩和の推進を提唱したもので，運賃については乗客の利便について制約を課した中で自由に設定できる自由運賃制度とし，参入については免許などで規制せず資格要件に適合した者は参入脱退を自由にすべきと提言している。競争時代の運輸行政の方向性を示唆した画期的な内容を含んでいた。

しかし，1973 年，1979 年，2 度のオイルショックにより燃料費が高騰し，需要が急激に冷え込んだことも影響してか，自由化を目指す政策は運輸省からほぼ提案されなくなる。1979 年 9 月には，東京特別区初の個別申請方式によ

る運賃改定が行われた。相次ぐタクシー運賃の緊急値上げが乗客のタクシー離れを加速し，一転して供給力過剰の局面（図3-1）に移行した。1989年4月，消費税改定に伴う運賃値上げが行われた。

　戦後から1990年までの規制をまとめると，価格規制として同一地域同一運賃の原則が，数量規制として需給調整規制が，参入規制として事業区域ごとの車両数の制限が実施され，また最低保有車両数の設定が行われてきた。図3-2においても明らかなように好況期には車両数が輸送人員増に追いつかず，不況期には参入規制の権益を守るために車両が退出せず輸送人員減に対応できないという参入規制の弊害が出ている。また，燃料価格の高騰や経営難によって価格引き上げを行っていったことが輸送人員減につながるという状況にあった。こうした相次ぐ価格引き上げによって輸送収入は1993年まで増加を続け（図3-1），そのことがタクシー改革を遅らせることにつながったかもしれない。

1.2.2　1990年代以降の規制緩和

　1990年代に入ると規制緩和が進展した（表3-1）。運輸産業に対する規制緩和要求は，臨時行政改革推進審議会（行革審）を通じて強まった。1992年6月，行革審の「豊かなくらし部会報告（第3次）」において，需給調整の運用緩和と運賃の多様化を図るべきとの報告が提言され，その後の「国際化対応・国民生活重視の行政改革に関する第3次答申」において引き継がれた。これを受けて，「今後のタクシー事業のあり方について」とする運輸政策審議会の諮問がなされ，「地域交通部会・タクシー事業検討委員会」が設けられた。そこで1年にわたる審議が行われ，1993年5月，「今後のタクシー事業のあり方について」の答申が発表された。この答申では，事業免許制と運賃・増減車の認可制を維持し，同一地域同一運賃の原則を撤廃し，増減車も一定の枠内で自由に行える弾力化をはかることが提言されている。

　1996年，政府の行政改革委員会の規制緩和小委員会が重ねて，タクシー事業の規制緩和を検討，需給調整規制廃止とタクシー運賃の上限価格制を提言した。

　提言を受け入れた運輸省は1996年12月5日，運輸事業全分野での需給調整規制を3年から5年の間に廃止するという歴史的な大転換を発表した（「需給

第1節　タクシーとは　　63

表 3-1　規制変更の流れ

	価格規制	数量規制	参入規制	
	同一地域同一運賃	需給調整規制	免許制	最低保有車両数
1993 年	廃止	↓	↓	↓
1997 年	ゾーン運賃制,初乗距離短縮運賃	需給調整緩和	↓	最低保有車両数緩和
2002 年	上限運賃制	需給調整規制廃止	許可制	↓
2009 年	上限運賃制,下限割れ審査厳格化	指定地域の自主的な台数削減	許可制指定地域の運転者の登録条件厳格化	最低保有車両数増加
2013 年　特定地域	公定幅運賃設定,下限割れは変更命令の対象	強制力ある供給削減措置	新規参入・増車の禁止運転者の登録条件厳格化	↓
2013 年　準特定地域		自主的な台数削減	新規参入：許可制増車：認可制運転車の登録条件の厳格化	↓

出典：泊尚志（2012）「タクシー事業規制の変遷下での東京都心におけるタクシー交通需要の分析」『運輸政策研究』Vol. 15, No. 2, 2012, pp. 77-81. 山崎治（2009）「タクシー事業」『経済分野における規制改革の影響と対策』pp. 31-49. を参考に作成。

調整規制の廃止」）。

　そして，1997 年 3 月の「規制緩和推進計画の再改定」によって，需給調整規制の廃止，運賃規制の緩和等の規制緩和を行うことが閣議決定され，タクシーにおいても参入面，価格面での規制緩和が行われた。まず，参入面では，参入を容易化し，競争の促進による事業の活性化を図るため，需給調整基準について，過去 5 年間の実績に基づいて算出された基準車両数に一定割合を上乗せする措置が講じられた。また，最低保有車両数（事業者が最低限保有すべき車両数）について，東京の 60 両，大阪・名古屋等の 30 両を 10 両に縮減する等の措置が講じられた。

　価格面では，ゾーン運賃制，初乗距離短縮運賃を導入し，さまざまな運賃の試みを認めるようになった。ゾーン運賃制というのは，従来の平均原価方式に基づき算定した運賃額を上限とし，その上限から 10% 下までの範囲（ゾーン）内であれば自由に運賃の設定を認めるものである。初乗距離短縮運賃とは，初乗距離を短縮し，短縮した距離に見合う金額に初乗運賃額を引き下げたタク

シー運賃のことである。

1996年の「需給調整規制の廃止」発表を受けて，民間活動を可能な限り市場原理に任せ，事業者間の活発な競争を通じて消費者利益を増大させることを目的として，2002年には「改正道路運送法」が施行された。自動認可運賃の採用・下限割れに対しては個別審査，需給調整規制の廃止，免許制から許可制への移行といった大きな規制緩和であった。

自動認可運賃というのは，上限額を設定し，その上限から10%までの下限の範囲内であれば自動的に認可する方法であり，認可運賃が残った格好である。その理由としては，タクシーは流し営業が多く，利用者が路上で即座に運賃を確認することができない（情報の非対称性）ため，利用者にとって判断しやすい目安とする必要があると考えられたためである。

需給調整規制の廃止とは，これまで国が需要とのバランスを取れるように全体的な供給量を調整していたことを止めて，市場に任せるやり方に変えるということである。事業に参入すべきかどうか，車両を増やすべきかどうか，事業者自らの判断で決めて，自由な競争によって旅客輸送サービスを提供することが推進されている。

1.2.3　規制緩和の影響

こうした規制緩和を受けて，車両数が大幅に増加し，それに伴うさまざまな問題も認識されることとなった。交通政策審議会の答申（2008年12月18日）「タクシー事業を巡る諸問題への対策について」によれば，規制緩和によって認識された問題として，①タクシー事業の収益基盤の悪化，②運転者の労働条件の悪化，③違法・不適切な事業運営の横行，④道路混雑等の交通問題，環境問題，都市問題，⑤利用者サービスが不十分（地理不案内等）の5点が挙げられている。これらの問題が生じた原因として，①タクシーの輸送人員の減少，②過剰な輸送力の増加，③過度な運賃競争，④タクシー事業の構造的要因（利用者が多様なサービス料金やサービスの中から事業者を選ぶことができない，歩合制主体の賃金体系等）が挙げられている。

1.2.4　規制強化の動き

　こうした問題点に対して，再び規制を強化する動きが現れてきた。

　2009年には，地域公共交通としての機能を十分に発揮できるようにすることを目的に「特定地域における一般乗用旅客自動車運送事業の適正化及び活性化に関する特別措置法」（以下「特措法」）が制定され，以下のような実質的な規制強化が行われた。まず，この法律に基づき，全国の643営業区域のうち，供給過剰の恐れのある590の特別監視地域，運転者の労働条件の悪化の恐れのある140の特定特別監視地域，輸送の安全確保が困難となる恐れのある1地域が指定されている（2009年7月17日現在）。その指定地域における協議会（地方運輸局長，関係地方公共団体の長，タクシー事業者・団体，運転者の団体，地域住民等で構成される）では減車を含む地域計画が策定され，その計画を自主的に守っていく仕組みが導入されている。例えば特別監視地域・特定特別監視地域である東京特別区・武三地区（武蔵野市および三鷹市）においては，協議会として約20〜30%の減車率を必要としているところ，2010年10月7日現在の減車率は17.3%にとどまり，目標達成に向けた更なる減車の実施が進められている。この特措法の枠組みは3年間の時限措置であることから，その期限延長の是非と適切な法規制のあり方が議論されてきた。

　その結果，2013年11月20日には特措法を超える枠組みとして「特定地域における一般乗用旅客自動車運送事業の適正化及び活性化に関する特別措置法等の一部を改正する法律（タクシーサービス向上法）」が成立した（2014年1月27日施行）。同法律では特定地域と準特定地域に分けて規制を行うことになる。特定地域においては，1点目に参入・増車規制・需給調整措置として，当該地域での新規参入・増車が禁止される。この点については，協議会において供給量の削減措置（減車または営業方法の制限）を定め，当該措置を実施しない事業者に対し，国土交通大臣が是正を命じることができる。2点目に，公定幅運賃を定め，その幅の範囲内で事業者が届け出ることとしている。タクシー料金の下限割れについては国土交通大臣の変更命令の対象となる。3点目に協議会での減車等に関わる協議については独禁法の適用除外となる。

　2009年以降の特措法に基づく特定地域は，新法によりすべて準特定地域に指定される。準特定地域は引き続き，新規参入は許可制，増車は認可制が維持

される。運賃は自動認可運賃と下限割れへの厳正な審査であったところ，改正後は公定幅運賃と下限割れへの変更命令となる。

2015年1月30日に国が「特定地域指定基準策定」を行い，指定が行われた（国土交通省2015a）。特定地域の指定告示を受けて，2015年10月20日には，札幌交通圏，大阪市域交通圏，福岡交通圏において，2015年11月1日から2018年10月31日までの間，特定地域に指定することとなった（国土交通省2015b）。

まとめると，1990年代から徐々に規制緩和が始まり2002年に大きな規制緩和がなされたものの，2009年以降は規制強化が行われることとなり，2013年の法律ではさらなる規制の強化が行われた。

1.3　事業者の運賃変更の内容

ここでは，価格規制という観点から，規制の変遷について説明する。規制緩和によってさまざまな運賃体系が認められるようになったため，規制緩和後には事業者の創意工夫の余地が広がった。この制度変化により，運賃をより弾力的に設定できることで利用者を増やそうというインセンティブが生じることになる。

まず，運賃設定の自由化の具体的な内容についてみると，従来，タクシー料金については同一地域同一運賃の原則のもとで，いずれの会社についても基本的に同じ料金体系となっていたが，1993年に同一地域同一運賃の原則が撤廃された。同一地域同一運賃原則が保たれていた理由は，タクシー事業においては流し営業が行われるために，それがない場合にはタクシー運賃の差が確率的に変化し，利用者が前もって安い運賃のタクシーを選択することができないという情報の非対称性があるからである。しかしながら，事業者の創意工夫をいかし，さまざまな運賃の試みを認めることが必要とのことから，次第に運賃の弾力化が図られるようになった。

1997年にはゾーン運賃の範囲内で個々の事業者がそれぞれ独自に運賃改訂を行うことが可能になり，大阪市や京都市など，人口や観光客の多い都市部において，さまざまな運賃のタクシーがみられるようになる。また，1997年の初乗距離短縮運賃制の導入により，長野市では2000年から2002年の間，初乗

距離 750 メートル，初乗運賃 310 円という料金体系が採用された。もっとも，短縮運賃を採用した期間は長くは続かず，2012 年には 1,500 メートルで 710 円という運賃になった。

さらに，2002 年には上限の範囲内であれば自動的に運賃が認可されることとなり，事業者の創意工夫を生かした価格設定が自由に行えるようになっている。

一方で，2009 年には下限割れ運賃審査の厳格化により，低運賃事業者に対する監査の体制が強化された。このような制度変化がタクシー市場に与えた影響を分析する際には，参入している事業者の数や各事業者の経営方針などからタクシー運賃の設定などが影響を受けることが予想される。この点に着目したタクシーの供給構造の分析は第 3 節で行う。

1.4 規制緩和による運賃の変化

1.2 でみた規制緩和による運賃の変化を確認する。ここで検討対象とするタクシー運賃[6]は，初乗運賃と 4 km 走行運賃（以下「4 km 運賃」[7]）である。規制緩和実施年の前後で比較して運賃の上昇は値上げ，下落は値下げと定義する。1991 年から 2011 年まで連続的にデータがある 67 都市で規制緩和実施年の 1 年前と 1 年後及び 2 年後の都市を示したのが**表 3-2** である。デフレ等を通じた実質的な料金負担をとらえるため，名目運賃と併せて実質運賃[8]の変化についてもみる。

表 3-2 より，値下げ都市の少ないことが，規制緩和の実施にもかかわらず利用者が伸び悩んでいる原因と思われる。さらに，名目で値下げを行っても実質的に値下げになっていないことから，利用者増を促せなかったことも考えられる。

---

6) タクシー運賃の価格は『小売物価統計』によるもので，各都市の代表的なタクシー会社を対象に運賃を収集し，平均化した値である。

7) 1 回当たり利用距離は 4.0 km（2011 年，東京）（社団法人東京乗用旅客自動車協会 2012）。

8) CPI（消費者物価）と地域間物価をもとにデフレートして作成した。

表 3-2 規制変更後の運賃値下げ都市

名目	初乗運賃		4 km 運賃	
	実施年の1年前と1年後	実施年の1年前と2年後	実施年の1年前と1年後	実施年の1年前と2年後
1993 年	0	0	0	0
1997 年	1 岡山	2 長野・岡山	2 仙台, 岡山	1 長野
2002 年	0	0	3 府中・厚木・長野	0
2009 年	8 旭川・新潟・福井・京都・大阪・姫路・和歌山・徳島	8 旭川・新潟・福井・京都・大阪・姫路・和歌山・徳島	7 旭川・福井・京都・大阪・姫路・和歌山・徳島	8 旭川・福井・京都・大阪・姫路・和歌山・徳島・熊本
1996 年 →2011 年	14 旭川・福島・郡山・新潟・名古屋・大阪・岡山・徳島・福岡・長崎・佐世保・熊本		5 旭川・仙台・京都・大阪・徳島	

実質	初乗運賃		4 km 運賃	
	実施年の1年前と1年後	実施年の1年前と2年後	実施年の1年前と1年後	実施年の1年前と2年後
1993 年	1 那覇	0	1 那覇	0
1997 年	42 青森・仙台・山形・水戸・宇都宮・前橋・浦和・川口・所沢・千葉・東京都区部・府中・新潟・長岡・甲府・岐阜・静岡・浜松・名古屋・春日井・大津・大阪・枚方・東大阪・奈良・鳥取・松江・岡山・山口・高松・松山・高知・福岡・北九州・佐賀・長崎・佐世保・熊本・大分・宮崎・鹿児島・那覇	35 青森・仙台・山形・宇都宮・浦和・川口・所沢・千葉・東京都区部・府中・新潟・長岡・甲府・長野・岐阜・静岡・浜松・大阪・枚方・東大阪・奈良・鳥取・岡山・徳島・高松・松山・高知・福岡・北九州・長崎・佐世保・熊本・宮崎・鹿児島・那覇	37 青森・仙台・山形・宇都宮・浦和・川口・所沢・千葉・東京都区部・府中・新潟・長岡・岐阜・静岡・浜松・春日井・大阪・枚方・東大阪・奈良・鳥取・松江・岡山・山口・高松・松山・高知・福岡・北九州・佐賀・長崎・佐世保・熊本・大分・宮崎・鹿児島・那覇	25 青森・仙台・山形・千葉・新潟・長岡・長野・岐阜・静岡・浜松・奈良・鳥取・岡山・徳島・高松・松山・高知・福岡・北九州・長崎・佐世保・熊本・宮崎・鹿児島・那覇
2002 年	1 青森	2 青森・盛岡	4 青森・府中・厚木・長野	5 青森・盛岡・府中・長野・佐世保
2009 年	8 旭川・新潟・福井・京都・大阪・姫路・和歌山・徳島	7 旭川・新潟・福井・京都・大阪・姫路・和歌山・徳島	7 旭川・福井・京都・大阪・姫路・和歌山・徳島	7 旭川・福井・京都・姫路・和歌山・徳島・熊本
1996 年 →2011 年	11 旭川・福島・郡山・新潟・名古屋・岡山・徳島・福岡・長崎・佐世保・熊本		3 旭川・仙台・徳島	

注：表中の（　）は都市数。

出典：総務省『小売物価統計調査』より作成。

1.5 タクシー運賃の変化が市場に与えた影響

1.5.1 市場をみるための指標

表3-2でみた，4km運賃値下げ都市について，市場でどのようなことが起きたのかを順にみていく。市場で起きたことの具体的な内容については，価格・需要・供給それぞれの側面から検討していくことにする。

まず，価格として4km運賃がある。次に供給側を表す変数として車両数がある。そして需給の結果決まる変数として営業収入，実車率，実車キロがある。このうち，実車キロは総走行キロ×実車率によって示される。また，イールド（収入単価）は営業収入/実車キロによって得られる内生変数である。こうした指標について図3-3以降，1991年値＝100としてグラフ化を行った。

1.5.2 対象都市

対象は表3-2でもみたように，運賃規制の緩和が1997年から行われていることから，1996年から2011年までの4km運賃の変化都市とする。このうち，値下がり都市は旭川（−32.3円）[9]・仙台（−54.8円）・京都（−0.1円）・大阪（−18.2円）・徳島（−359.6円）の5都市である。また，同様に値上がり都市の傾向についても検討するため，同期間で値上がりの大きい5都市，青森（229.0円），福島（277.8円），富山（225.0円），長野（263.5円），神戸（223.7円）を対象とする。

1.5.3 値下げ都市の特徴

(1) 旭川

旭川はバブル崩壊以前から実車キロは減少傾向にあるにもかかわらず，1996年までは営業収入がほぼ一定である（図3-3）。この間（1991～1996年）実車キロは減少（−22.9%）[10]していることから，運賃の値上げ（＋23.1%）によって収入が維持されてきたことがわかる。4km運賃は1998年に高止まりし，2008年まで同じ水準を維持し続けた。価格が一定の状況（1998～2008年）において実車率（−13.7%）・実車キロ（−35.8%）が減少するに従い営業収入も

---

9) ここでの数値は1997年から2011年における値上げ・値下げ額。

10) 以下，（ ）内の数値は対象年の変化率。

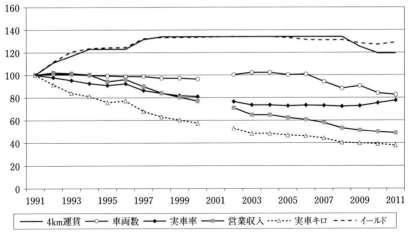

図 3-3　需要量・供給量の変化（旭川）

減少（−36.8%）する。車両数は規制緩和後の 2002 年から 2006 年まで若干増加（+0.6%）したが，2006 年から 2011 年までは減少（−18.0%）に転じた。車両数減の影響もあって実車率は上昇（+6.5%）している。

4 km 運賃は 2008 年から 2011 年まで低下（−10.9%）した。全体的には車両数減（−6.3%）の中で実車率は改善（+7.3%）したが，営業収入の増加はみられず（−8.2%），実車キロの増加もみられない（−6.6%）。ただし，実車率が若干上昇したことによってイールドは 2008 年から 2010 年にかけて下落（−3.2%）したが，2010 年から 2011 年までは改善がみられた（1.5%）。4 km 運賃値下げの時期に車両数減もあって，実車率が改善したことからイールドの向上がみられる。

値下げによる需要増がみられるという仮説は，営業収入・実車キロからは当てはまらない。車両数減によって実車率の改善がみられ，それによってイールドも向上した。

(2) 仙台

仙台はバブル崩壊以前から実車キロは減少傾向にあったにもかかわらず，1995 年までは営業収入がほぼ一定であり，運賃の値上げ（+29.5%）によっ

第1節 タクシーとは　　71

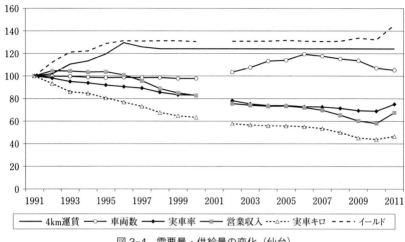

図 3-4　需要量・供給量の変化（仙台）

て収入が維持（+3.7%）されてきたことは旭川と同様である（図 3-4）。4 km 運賃は 1996 年にピークを打ち，1998 年まで減少（-4.1%）し，その後一定が続く。1996 年から 1998 年までの値下がりにおいても，収入（-12.0%）・実車キロ（-12.0%）ともに減少を示している。価格の低下が需要増にはつながらなかったことが示される。

車両数は規制緩和後の 2002 年から 2006 年まで増加（+15.4%）したが，2006 年以降は減少（-11.9%）している。実車率は 2010 年になって初めて改善（+9.0%）がみられた。2010 年以降イールドが改善（9.9%）しているのは，営業収入の増加（+16.6%）が実車率の増加（+9.0%）に比べて大きいことによるものである。

(3) 京都

京都はバブル崩壊以前から実車キロは減少傾向にある（図 3-5）。1993 年から 1995 年にかけて営業収入は増加（+2.7%）し，4 km 運賃値上げ（+8.4%）が収入増につながったことがわかる。その後も 4 km 運賃は値上がりし，高い水準を維持（1995〜2000 年）したが，実車キロの低下（-21.6%）にともない営業収入は減少（-16.3%）した。4 km 運賃は 1997 以降，一定を保ち続

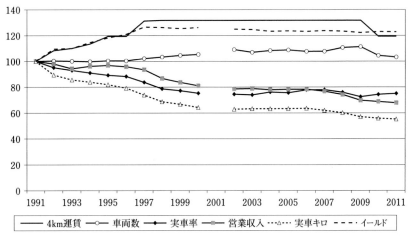

図 3-5　需要量・供給量の変化（京都）

けてきたが，2009年から2010年にかけて値下がり（−9.4%）した。この間，車両数減（−1.2%）にともなう実車率の改善（+1.0%）によって営業収入減の勢いが若干低下（前年増加率が−1.4%が−1.3%へ）した。このことから，運賃値下げによって営業収入減の低下をとどめることができていることがわかるが，需要増にまでつながっているとはいえない。2009年以降，イールドが変化していないのは，営業収入が減少（−2.7%）・実車率が増加（+3.5%）しているからである。

(4) 大阪

大阪はバブル崩壊以前から実車キロは減少傾向にある（図3-6）。1994年から1996年までで営業収入は改善（+3.4%）がみられた。それは4km運賃値上げ（+9.0%）が収入増につながったからである。その後，1996年から2009年にかけて4km運賃が一定を保つ中，実車キロ（−33.9%）・営業収入（−39.2%）は減少がみられた。

また，規制緩和を受けて車両数は2002年から2008年にかけて増加したが，それに合わせて営業収入（−3.4%）は微減，実車キロは若干増加（+3.8%）した。この間，景気が回復基調にあったこともあるが，供給増が需要増をもた

第1節 タクシーとは

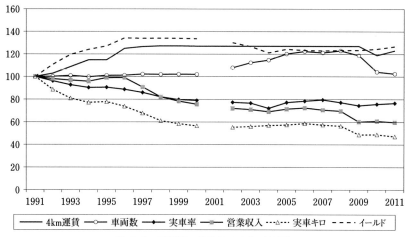

図3-6 需要量・供給量の変化（大阪）

らした可能性も示唆される。しかしながら，2008年9月に起きたリーマンショックの影響により，営業収入（−14.2%）・実車キロ（−16.5%）が減少した。2009年から2010年までの4km運賃値下げ（−6.4%）に伴って営業収入（前年変化率が−14.0%から+1.0%へ）・実車キロ（前年変化率が−13.6%から+0.2%へ）の減少傾向は緩和された。2006年以降，イールドが改善（+2.8%）しているのは，営業収入減と実車率増加が同時に起きているからである。

(5) 徳島

徳島は他の都市とは違って車両数が減少し続けている都市である（図3-7）。1991年から2011年にかけて14.7%減少している。1991年から1996年まで，実車キロが減少（−27.1%）していく中で営業収入の減少（−3.5%）は小幅にとどまっている。これは4km運賃が上昇（+25.3%）したことによる。4km運賃は1998年にピークとなるが，その後2009年までは一定を保った。1998年から2009年まで，営業収入（−32.5%）・実車キロ（−31.3%）ともに減少した。

そして4km運賃が2009年から2010年までに大幅に値下がり[11]（−42.2%）

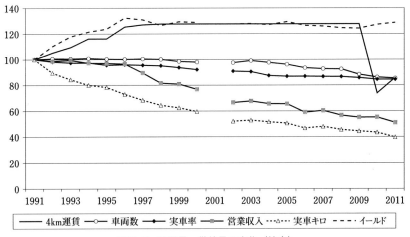

図 3-7　需要量・供給量の変化（徳島）

する中で，営業収入（+0.2%）・実車キロ（−2.2%）は下げ止まりがみられたものの，2010 年から 2011 年までの値上げ（+16.3%）に伴い，営業収入（−7.5%）・実車キロ（−8.6%）は減少した。2009 年からの 4 km 運賃値下げの時期に，イールドは 3.6% 上昇した。

1.5.4　値上げ都市の特徴
(1) 青森

青森はバブル崩壊以前から実車キロは減少傾向にあるにもかかわらず，1994 年までは営業収入がほぼ一定である（図 3-8）。この間（1991～1994 年）実車キロは減少（−14.0%）していることから，運賃の値上げ（+18.8%）によって収入が維持されてきたことがわかる。1994 年以降，4 km 運賃は 2000 年，2008 年に値上げがあった。2000 年から 2007 年まで，運賃が一定の状況におい

---

11)　徳島における大幅な値下がりはたいへん興味深い。徳島市の市場構造を，車両数からみると，大手 2 社で全体の 57.0% を占める非常に寡占的な市場である。このうち，2 位の事業者がたいへん格安な運賃（初乗り 1.5 km で 370 円，加算運賃 365 m ごと 60 円（2014 年 2 月時点））を提示していることが統計に表れている。なお，1 位の事業者の運賃はホームページ上で調べることができない。参考までに同時期の東京の初乗り運賃（上限運賃）は 2 km 710 円で加算運賃 288 m ごと 90 円である。

第1節　タクシーとは

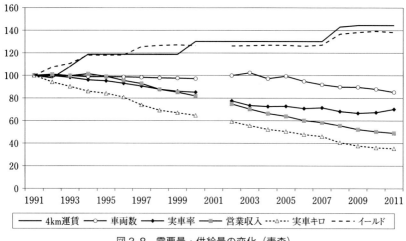

図3-8　需要量・供給量の変化（青森）

て実車率（−16.1%）・実車キロ（−28.9%）が減少するに従い営業収入も減少（−28.6%）した。車両数は規制緩和後の2002年から2003年にかけて若干増加（+2.4%）したが，2003年から2011年までは減少（−16.8%）に転じた。車両数減の影響もあって実車率はほぼ2003年水準を保っている。

4km運賃は2007年から2009年に値上がり（+10.9%）したことにより，2007年から2011年において営業収入（−16.3%）・実車キロ（−23.0%）は減少した。2000年以降イールドは4km運賃よりも低い傾向を保っている。値上げよりも需要減の方が大きく，値上がりは需要を確実に減少させていることが示される。

(2) 福島

福島はバブル崩壊以前から実車キロは減少傾向にあるにもかかわらず，1995年までは営業収入がほぼ一定である（図3-9）。この間（1991～1995年）実車キロは減少（−22.6%）していることから，運賃の値上げ（+20.2%）によって収入が維持されてきたことがわかる。1995年以降，4km運賃は，1997年から1998年，2008年に値上げがあった。1998年から2007年まで，運賃が一定の状況において実車率（−7.6%）・実車キロ（−27.5%）が減少するに従い営業

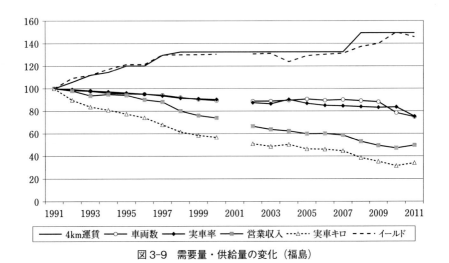

図 3-9　需要量・供給量の変化（福島）

収入も減少（−26.8%）した。実車率の減少幅に比べて実車キロが大きい理由は，総走行キロが −21.5% と減少していることによる。車両数が一定のまま総走行キロだけを減少させていることはたいへん特徴的である。

2008 年の 4 km 運賃の値上げ（+12.7%）により，2007 年から 2011 年において営業収入（−15.5%）・実車キロ（−23.8%）は減少した。1998 年以降イールドは 4 km 運賃よりも低い傾向を保っている。

値上げよりも需要減の方が大きく，値上がりは需要を確実に減少させていることが示される。

(3) 富山

富山はバブル崩壊以前から実車キロは減少傾向にあるにもかかわらず，1996 年までは営業収入がほぼ一定である（図 3-10）。この間（1991〜1996 年）実車キロは減少（−18.6%）していることから，運賃の値上げ（+15.1%）によって収入が維持されてきたことがわかる。1996 年以降，4 km 運賃は，1997 年，2007 年から 2008 年に値上げがあった。1997 年から 2006 年まで，運賃が一定の状況において実車率（−6.7%）・実車キロ（−24.6%）が減少するに従い営業収入も減少（−26.6%）した。

第1節　タクシーとは

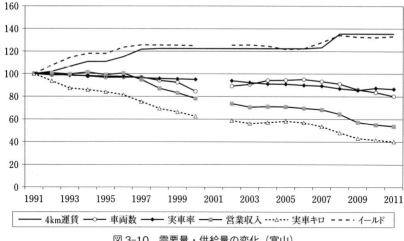

図3-10　需要量・供給量の変化（富山）

2007年から2008年の4km運賃の値上げ（+10.7%）により，2007年から2011年において営業収入（-21.5%）・実車キロ（-24.6%）と著しく減少した。

値上げよりも需要減の方が大きく，値上がりは需要を確実に減少させていることが示される。

(4) 長野

バブル崩壊以前から実車キロは減少傾向にあるにもかかわらず，1997年までは営業収入がほぼ一定である（図3-11）。この間（1991～1997年）実車キロは著しく減少（-28.2%）していることから，運賃の大幅な値上げ（+31.6%）によって収入が維持されてきたことがわかる。その後，1.2.2で示したように，長野は初乗距離短縮運賃を導入した影響から，1998年から1999年にかけて-9.3%，2002年から2004年にかけて-8.1%と4km運賃でみても値下げとなる時期があった。1997年から1998年で実車キロが10.3%減であったところ，1998年から1999年では3.2%減と，値下げによって実車キロの減少幅が小さくなった。また，2002年から2004年も6.5%減と減少幅は小さい。同様に営業収入についてみると，1997年から1998年で11.7%減であったと

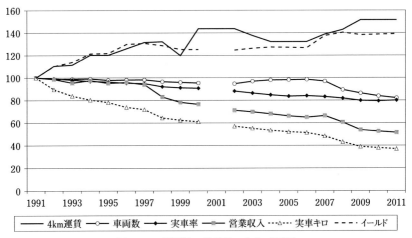

図3-11　需要量・供給量の変化（長野）

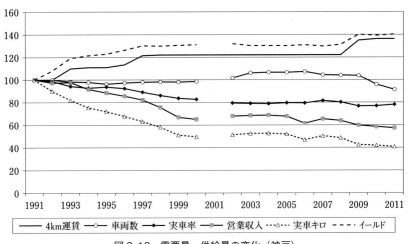

図3-12　需要量・供給量の変化（神戸）

ころ，1998年から1999年では5.8%減と，値下げによって減少幅が小さくなった。また，2002年から2004年も4.5%減と減少幅は小さい。

2006年から2009年の4km運賃の値上げ（+14.6%）により，2007年から2011年において営業収入（-22.6%）・実車キロ（-23.5%）と著しく減少した。

値下げをすると需要増にまでは至らないが，需要の減少幅を小さくさせること，値上げをすると需要減の方が大きく，値上がりは需要を確実に減少させることが示される。

(5) 神戸

神戸はバブル崩壊以前から実車キロは減少傾向にあるにもかかわらず，1993年までは営業収入がほぼ一定である（図3-12）。この間（1991～1993年）実車キロは減少（－18.1%）していることから，運賃の値上げ（＋10.0%）によって収入が維持されてきたことがわかる。1993年から1997年にかけてゆるやかに4km運賃の値上げが行われている。その間実車キロは－23.0%と減少した。1997年から2008年までの価格が一定の状況において実車率（－10.0%）・実車キロ（－22.9%）が減少するに従い営業収入も減少（－26.6%）する。

2008年から2010年の4km運賃の値上げ（＋11.6%）により，2008年から2011年において営業収入（－8.4%）・実車キロ（－13.6%）と減少した。イールドは4km運賃の推移と比べて全般に水準が高い傾向にあるのは特徴的である。

値上げよりも需要減の方が大きく，値上がりは需要を確実に減少させていることが示される。

1.5.5　市場環境の変化

1.5では運賃規制緩和によるタクシー市場の影響を把握するために，5つの運賃値下げ都市，値上げ都市を対象に，市場環境の変化を調べた。全体的な傾向としては，バブル崩壊以前から実車キロが減少していること，そうした中，運賃の値上げによって1996年頃まで収入が維持できていたことがわかる。その後も実車キロ減が続き，営業収入は減少した。

運賃の値下げが需要増につながる地域とつながらない地域がある。また，需要増にはつながらなくても，需要の減少傾向に歯止めをかけることができている地域もある。事業者の需要増に向けた運賃面における創意工夫が求められる。運賃改定の時期に減車の取り組みが重なっていた影響で実車キロも減少し，イールドの向上がみられる。運賃の値上げは確実に需要を減少させることも示さ

れる。

実車率の改善については特措法による減車の枠組みが効果を発揮していることが示されるが，これからも市場環境を考慮して規制のあり方を議論していくことが求められる。市場に任せていては減車が十分に達成できないことは徳島以外の都市に共通のことであったが，徳島では減車が特措法施行以前から起きていた。また，徳島は運賃値下げが収入増につながっていた地域でもある。こうした地域特性がどのような要因から生じているのか，引き続き検討していくことが必要である。

値上げをしても収入が維持できていた1990年代前半という時期があったこと，一方，2000年代後半には収入がまったく維持できなくなる状況に陥っていることが注目される。1990年代と比べて2000年代後半の運賃は多くの都市で高い水準となってしまっているが，事業者が安定的な収入確保を目指すためには，運賃水準についてさらに検討していくことが求められる。

1.6 タクシーの規制緩和が進まない状況

1.6.1 規制緩和が進展しない理由

交通事業においては規制緩和による事業者の創意工夫やサービス改善が求められる。タクシーにおいてはさまざまな料金設定や類似サービスを認めることによって需要喚起を行うことが考えられる。以下では運賃や類似サービスの規制緩和がなかなか進まない状況について事例を踏まえて考察する。

1.6.2 タクシー運賃の規制緩和が進まない状況

タクシー運賃は初乗と一定距離によって公定幅運賃が定められており，東京都（特別区・武三交通圏）の場合，普通車の上限運賃は，初乗運賃が2.0 kmで730円，加算運賃が280 mで90円，さらに時間距離併用制として1分45秒ごとに90円であった（2015年4月1日から2017年1月29日まで）。この仕組みでは初乗運賃の距離設定が長くなるという点が問題となる。この点について，泊（2012）が東京のタクシー事業者2社の営業日報を用いて集計した分析によると，1 km～1.5 km程度の距離帯に乗車回数割合のピークがあり，距離が長くなるにつれて乗車回数割合が低下することが示されている。つまり大多数の

乗車は初乗運賃の 2.0 km に満たないものであり，その当時の初乗運賃では，多くの利用者が利用距離以上の負担をしている状況にあった。

　この問題に対応するために，初乗距離短縮運賃の再導入について，国土交通省の「運賃制度に関するワーキンググループ」においてようやく検討が行われた。その背景には，世界の主要都市と比較してもタクシー運賃が高いという指摘がなされていたことがある。『世界の都市総合力ランキング YEARBOOK 2014』では空港までの運賃比較において，ニューヨーク，ロンドン，パリと比較しても東京が突出して高いことがわかる。そうした要因もあって東京は総合力で 4 位であるが，「交通・アクセス」分野で 10 位となっている。確かに運賃のみならず，空港から都心まで遠いという問題がある。そこで，泊（2012）で指摘されている，乗車回数のピークである 1 km～1.5 km の運賃について国土交通省（2015）[12] をもとに比較してみよう。東京ではこの距離で 730 円であるところ，ニューヨークでは 484 円～544 円，ロンドンでは 667 円～815 円となっており，ニューヨークと比較すると東京は高く，ロンドンと比較すると 1 km では高く 1.5 km では安くなる。このように主要都市と比較しても高い運賃について，近距離でも安く利用できる初乗距離短縮運賃[13] が，2017 年 1 月 30 日から導入された。

　国際的にみても初乗運賃の距離設定が長いという状況は長らく続いてきた。そうした声に事業者はようやく耳を傾けるようになった。

　初乗運賃のみならず，利用者の視点に立てば，さまざまな運賃の種類は考えられそうなものである。例えば，加算距離が長いが，この点についても改善できないのだろうか。また，複数回利用すれば割安になる回数券があれば，病院，取引先，塾，学童，保育園など目的地が固定している利用者の利便性は飛躍的に向上する。空港から都内までのゾーン運賃は増えてきているにしても，それ

---

12)　ニューヨーク，ロンドンではそれぞれ，初乗距離は 1/5 マイル（約 320 m），約 260 m，初乗運賃は 2.5 ドル（約 300 円），2.4 ポンド（約 450 円），加算距離は 1/5 マイル（約 320 m），約 130 m（17 ポンド未満であり，17 ポンド以上は約 90 m），加算運賃は 0.5 ドル（約 60 円），0.2 ポンド（約 40 円）となっている。1 ドル＝120.9 円，1 ポンド＝185.4 円（2015 年 1 月～9 月の平均）。この値は 2015 年 3 月時点の情報。ただし，チップ，税は含まない。

13)　東京 23 区，武蔵野市，三鷹市における初乗運賃について，従来 730 円であったところ，1.059 km 未満は 410 円と値下げ（320 円）した。加算運賃は 237 m ごとに 80 円となっており，2 km 未満（距離制運賃のみで計算した場合）の利用では値下げとなる。

以外のさまざまなゾーン間運賃のバリエーションがあってもよさそうだ。このようにタクシー需要の低迷から脱却し，タクシーの利用を増加させたいのであれば，利用者のニーズや利便性を汲み取った運賃サービスの展開を事業者が行っていくことが求められるし，それを実現するための規制緩和が必要である。

1.6.3 公定幅運賃を下回るタクシー事業に関する判例

　国が行った公定幅運賃の設定に関する判例をみよう。タクシー事業規制は2014年の「特定地域における一般乗用旅客自動車運送事業の適正化及び活性化に関する特別措置法等の一部を改正する法律（タクシーサービス向上法）」の施行によって特定地域の指定がなされ，規制が強化された（詳細は第3章1.2.4を参照）。特定地域に指定された大阪市域交通圏においては，公定幅運賃が指定されることになる。この公定幅運賃をめぐって，それよりも安い初乗運賃で営業を行う「ワンコインドーム」は近畿運輸局長を相手に輸送施設使用停止命令並びに運賃の変更命令の差止めを請求した。大阪地方裁判所は，特措法第16条[14]による公定幅運賃制度が，タクシー事業者の「営業の自由」（憲法第22条）を相当程度制約していることに鑑み，近畿運輸局長による公定幅運賃の範囲の指定や運賃変更命令等[15]を裁量権の逸脱・濫用と判示し，会社側の請求を一部認容した（大阪地判平成27年11月20日 LEX/DB 文献番号25541777）。

　このように，タクシー運賃の下限を合理的な理由もないままに国が設定することは，タクシー事業者の営業の自由に抵触するおそれがある。運賃は事業者にとっての経営戦略の重要な要素である。公定幅運賃を下回ったとしても，略奪的価格であるとして低額運賃競争にただちに発展するものではない。また，運賃が安いからといって運転者の労働条件が直接的に悪化するということや，乗客の安全が脅かされるというものではない。事業者の創意工夫の芽を活かし，

---

14)　特措法：特定地域及び準特定地域における一般常用旅客自動車運送事業の適正化及び活性化に関する特別措置法。
　　 第16条：運賃の範囲を指定している。
15)　特措法施行前に適法であった「ワンコインドーム」の下限割れ運賃（道路運送法9条の3に基づく認可を受けていた）が値下げ競争を引き起こすとはいえないにもかかわらず，近畿運輸局長が「ワンコインドーム」の運賃を公定幅運賃（上限額及び下限額は，当時の自動認可運賃の上限額及び下限額にそれぞれ消費税増税分を上乗せしたもの）の範囲内ではないとし，運賃変更届出をするよう勧告した。

第1節　タクシーとは　　83

タクシー事業が発展的に行われることが求められる。

1.6.4　タクシー類似サービスが認められない状況

　従来からある交通手段の枠組みを超えた新しい交通形態が海外では生まれている。その事例をみてみよう。日本では，自家用車による有償運送は，道路運送法により例外的にしか認められていない[16]。海外ではタクシーの類似サービスとして自家用車による相乗りサービスが普及し，オンライン配車サービスを行う Uber や Hailo などが躍進している。このサービスでは GPS を用いた経路探索やスマホアプリを利用して[17]配車を行うことによって，自家用・営業用車による有償の運送を行う。運送終了後には乗客と運転手双方による運送サービスの評価が行われることで質が確保される。報酬については，乗車前に価格の目安が分かるもの，価格が確定しているものがある一方で，乗車後の支払い時に乗客が価格を確定するものもある。需給によって運転手が価格を変更させることもあり，それが暴利行為であるとする批判もある（松野 2014c）。悪質な行為を行おうとする運転手によって，運転手のサービスの質が確保されなければ，レモン市場のように利用客が減ってしまう。乗客による運送サービスの評価が，悪質行為の抑止力となり，情報の非対称性を改善することが期待される。配車サービスを行う事業者にとっても，運転手のサービスの質を確保することが求められる。もちろん，悪質な行為があるのであれば，そのような運転手による営業を認めることはできない。

　タクシー類似サービスの導入を検討するため，2014 年 2 月 26 日に「第 1 回タクシー・スマホアプリ配車の普及方策に関する検討会」が国土交通省で開催された。この検討会においては，運転手の安全性や，運転手・利用者の過去のコメントや評価に基づく配車の優先順位に関する公正競争，タクシー特措法に

---

16)　道路運送法第 78 条の「有償運送」において定められている。自家用有償運送は，災害等の緊急時を除いて，例外的にこれを行うためには，国土交通大臣の登録または許可を受ける必要があり，それは市町村運営有償運送（交通空白輸送，市町村福祉輸送），過疎地有償運送，福祉有償運送の3 つの場合に限定される。

17)　日本交通では，乗車中の動画視聴によって割引となるクーポンを配信している（日本経済新聞 2015b）。これによって実質的にタクシー運賃が安くなる。また，集客を求める施設の近くにいる消費者に対して，タクシー乗車クーポンをスマホ配信するという新しいサービスも提供している（日本経済新聞 2016a）。

基づく乗車禁止地区への配車の是非などの観点について，引き続き検討を行うこととされた。しかしながら，2017年7月26日現在，2回目の会議は開かれていない。

福岡市では，相乗り実験を行うことが計画されていたが，ライドシェアの事業が道路運送法[18]に抵触する可能性があるとして国土交通省から中止が指導された（日本経済新聞 2015a）。これは Uber Technologies と株式会社産学連携機構九州による相乗りサービスの実験で，スマホアプリを用いて希望の場所を指定し，自家用車を運転している人が送迎するものである。2015年2月5日から始まったプログラムは，同年3月5日に終了した。このプログラムによってライドシェアの実態と今後の普及の可能性を知る機会となることが期待されたが，現行の枠組みでは法律違反となってしまう。ライドシェアの普及に向けた突破口が求められる。

そこで，全国一律ではなく，「過疎地域等での自家用車ライドシェアの拡大」が進むこととなった。第6章第2節では公共交通空白地有償運送として，スマホアプリを活用した事例が京丹後市で導入された事例について解説する。こうしたライドシェアの活用については，「過疎地域等での」と制限されることにより，タクシー事業者からの反対が大きい都市部での検討は行われないことになる。ライドシェアについては，タクシーを代替するサービスになるかもしれず，タクシー事業者からの反対が大きい[19]ことが導入の足かせとなっている。

このように利用者の視点に立てば，当該サービスの普及によって利便性が高まることが予想されるものの，多くは既存事業者の反対によって導入の日の目をみない。全国一律では困難であるので一部の地域に限定して検討を行う，導入対象がいつの間にか過疎地になってしまうということで，少しずつ政策が利用者視点からかけ離れていったものになってしまう。そして検討に長い時間を

---

18) 道路運送法では，第4条において一般旅客自動車運送事業の許可について定めている。また，第78条において自家用自動車の有償運送について規定している。

19) 例えば，一般社団法人全国ハイヤー・タクシー連合会のホームページには，会長名における「年頭の辞」でライドシェアに対する反対が示されている。自交総連本部・自交総連本部顧問弁護団によって，「ライドシェアの合法化に反対する意見書（ライドシェアの合法化に関する法的検討）」がホームページ上に掲載されている（自交総連本部・自交総連本部顧問弁護団 2016）。

第2節　需要関数の推定　　　85

要し，いつまでに検討して政策検討の結果を出すといったことが示されない。これでは利用者視点に立った政策がなかなか取り入れられない。次節では，規制緩和の効果をみるために需要関数の推定を行っていきたい。

第2節　需要関数の推定

2.1　モデルと説明変数

　規制緩和によって，運賃の変更が可能となり，その運賃の変更がタクシー需要に影響を及ぼすことが考えられる。そこで第2節では，規制緩和の効果をみるために需要関数の推定を行い，運賃の変化が需要に与える影響を検証する。推定期間は1991年から2011年までの20年間で，県庁所在地および人口15万以上の72都市を対象とする。推定式の定式化として，対数線形の需要関数を想定し，都市パネル分析を行う。被説明変数には実車キロを用いる。

　タクシーの需要は大きく分けてタクシー運賃（価格），所得水準，地域要因（人口，高齢化率），景気動向に依存する形で決まると想定されるため，これらを説明変数とする。運賃の変数として，平均的な利用距離である4km運賃を用いる。所得として1人当たり課税対象所得を用いる。運賃，所得については2010年を基準に実質化している。人口の大きさは総数としてタクシー利用の総数や経済活動規模を反映する。景気動向をとらえる変数としては中小企業DI指数[20]（全産業）を用いる。さらに，高齢になるとタクシー利用の増加が想定されるので，高齢化率も用いる。推定式は〈式3-1〉で記される。

　推定期間については，大きく規制緩和がなされた2002年を境に需要関数に変化があることも予想されるので，全期間，規制緩和以前（1991年から2002年），規制緩和以後（2003年から2011年）の3つの期間で推定を行う。

$$\ln D_{it} = \alpha_o + \alpha_1 \ln Ptaxi_{it} + \alpha_2 \ln I_{it} + \alpha_3 \ln Pop_{it}$$
$$+ \alpha_4 \ln Age_{it} + \alpha_5 \ln E_{it} + \varepsilon \qquad \text{〈式3-1〉}$$

　ここで，D_{it}：実車キロ，$Ptaxi_{it}$：4km運賃（実質），I_{it}：課税対象所得（1

---

20)　第3四半期を用いた。

86　　　　　　　　　第 3 章　タクシーの弾力運賃

表 3-3　使用するデータの出所

変数	出所
実車キロ	全国乗用自動車連合会『ハイヤー・タクシー年鑑』
初乗り運賃	総務省『小売物価統計調査』
4 km 運賃	総務省『小売物価統計調査』
課税対象所得	朝日新聞社『WEB 民力』・総務省『統計でみる市区町村のすがた』
人口	朝日新聞社『WEB 民力』・総務省『統計でみる市区町村のすがた』
高齢化率	朝日新聞社『WEB 民力』・総務省『統計でみる市区町村のすがた』
中小企業 DI 指数	（独）中小企業基盤整備機構『中小企業景況調査データ』
ガソリン価格	総務省『小売物価統計調査』
自動車関係費	総務省『消費者物価指数』

人当たり）（実質），Pop_{it}：人口，Age_{it}：高齢化率，E_{it}：中小企業 DI 指数。

　運賃と実車キロは同時決定のため，内生性が懸念される。そこで，操作変数としてガソリン価格，自動車等関係費[21]を用いて[22]，2SLS 推定を行う。操作変数は過剰識別制約を満たす。

　想定される符号については，タクシー運賃が負，上級財なので所得は正，人口の多い地域でタクシー利用が多いことが予想されるので，人口は正，高齢化の進展で高齢者のタクシー利用が予想されるので高齢化率は正，景気が良ければタクシー利用の高まりが考えられるので景気要因は正となることが予想される。

　事業者の料金改定によって，利用者の行動が変化し，結果としてタクシー市場における需要の動向に影響を与える。各地域のタクシー市場は，参入している事業者の数や各事業者の経営方針などから影響を受けるため，規制緩和がタクシーの料金水準や需要に与える影響は地域ごとに異なったものになることが予想される。事業者が運賃改定を行うかどうかは需要の価格弾力性がどの程度になるかによって影響を受けるため，以下ではこの点に着目してタクシーの需要関数の推定を行う。推定された価格弾力性が 1 を上回れば値下げによって需

---

21)　自動車等関係費は，自動車本体（21.6%）・自動車等維持費（77.3%）（うちガソリン価格（27.9%）・自動車保険料（任意）（20.5%））自転車本体（1.0%）の価格で構成される。カッコ内の数値は自動車等関係費における指数のウェイトである（「平成 22 年基準消費者物価指数作成関係資料」）。

22)　ガソリン価格，自動車等関係費についても実質化している。

第2節　需要関数の推定　　　87

表 3-4　変数の基本統計量

変数	単位	平均	標準偏差	最小値	最大値	観測数
実車キロ	km	181,000,000	278,000,000	11,400,000	2,030,000,000	1,440
初乗り運賃（名目）	円	590.812	68.544	310.000	710.000	1,474
4 km 運賃（名目）	円	1,187.852	132.987	667.213	1,560.340	1,474
課税対象所得（1 人当たり）	百万円	1.470	0.239	0.138	2.533	1,512
人口	人	575,048	587,099	130,685	3,710,602	1,512
高齢化率	割合	0.172	0.045	0.070	0.300	1,512
中小企業 DI 指数	DI 指数	0.668	0.133	0.318	1.083	1,512
ガソリン価格	円／リットル	123.999	12.794	91.899	158.224	1,461
自動車関係費	平成 22 年値＝100	96.733	5.089	81.294	115.456	1,512

要の喚起と輸送収入の増加が見込まれ，弾力性が 1 を下回る場合には，需要減少局面での値下げは輸送収入減をもたらすことになり，事業者にとって厳しい市場環境となることが予想される。

　また，第 3 章 2.3 では，タクシー運賃の値上げ都市と値下げ都市に分けて，価格弾力性の比較を行う。このように都市を 2 つに分けて分析を行う理由は，値上げや値下げという事業者の行動変化が需要に与える影響に違いがあるのではないかと考えたためである。表 3-3 にデータの出所を示した[23]。また，表 3-4 には変数の基本統計量を示した。

2.2　全国の分析結果

　全国の推定結果を表 3-5 に示した[24]。4 km 運賃については，全期間では有意な推定結果が得られないが，規制緩和以前・以後に分けると両期間ともに負に有意な推定結果が得られている。このことから，規制緩和の前後で需要と価格の関係が変化した可能性がある。また，規制緩和以前・以降において 1 を上回る高い弾力性を示しており，規制緩和以後は規制緩和以前よりもさらに弾力的となっている。価格以外の変数については，規制緩和以降は全て有意でなく

23）　『小売物価統計』の価格データは都市データであり，それ以外は 47 都道府県データである。

24）　表 3-5，表 3-6 はハウスマン検定による採択結果。

表 3-5　全国推定結果

	全期間		規制緩和以前		規制緩和以後	
	変量効果		変量効果		変量効果	
	係数	Z 値	係数	Z 値	係数	Z 値
4 km 運賃	1.408	0.130	−1.828	0.000 ***	−3.754	0.001 ***
課税対象所得	0.269	0.000 ***	0.340	0.008 ***	0.047	0.479
人口	−0.364	0.000 ***	0.571	0.000 ***	0.179	0.208
高齢化率	−1.177	0.000 ***	−0.313	0.037 **	−0.125	0.718
中小企業 DI 指数	0.343	0.000 ***	0.124	0.000 ***	−0.089	0.264
定数項	11.093	0.065 *	23.241	0.000 ***	42.223	0.000 ***
標本数	1384		745		639	
決定係数	0.001		0.380		0.111	
ハウスマン検定	chi2 (5)=4.14		chi2 (5)=0.06		chi2 (5)=1.65	
	Prob＞chi2=0.5292		Prob＞chi2=1.0000		Prob＞chi2=0.8950	

注：＊＊＊，＊＊，＊は，それぞれ 1%，5%，10% 水準で有意である。

なるが重要な変数（4 km 運賃）について有意に結果が得られていることからこのモデルで問題ないと考える。そこで規制緩和以降を除いた，全期間と規制緩和以前の結果について述べると，まず，タクシーが上級財であることが確認される。次に，人口については負となり，人口の少ない地域での利用増が示される。高齢化の係数については負となっており，高齢者の利用増がタクシーの利用を促すという仮説ではなく，高齢化率が高くなることは就業者比率の減少につながり，ビジネス需要の減少がタクシー利用の減少となるとの関係が考えられる。そして，景気が良ければタクシーを利用する関係がみられる。すべての変数の係数の大きさを比較すると，所得要因や景気要因よりも 4 km 運賃が需要に与える影響の大きいことがわかる。

2.3　地域別分析結果

　次に地域別の分析を行う。規制緩和（価格・数量・参入）の期間に価格規制が変化したのは 1997 年の規制緩和からであるので，その 1 年前である 1996 年から 2011 年までを対象として地域を分けると，値下げ都市が 5 都市，値上げ都市が 62 都市となる。値下げ都市の都市名は表 3-2 に示してある。タクシー運賃の値上げ・値下げという行動の違いに着目するため，名目運賃における運賃変化で地域を分ける。また，〈式 3-1〉と同じモデルによる推定結果を表

第 2 節 需要関数の推定

表 3-6 地域別推定結果

4 km 運賃値下げ	全期間		規制緩和以前		規制緩和以後	
	固定効果		固定効果		固定効果	
	係数	Z 値	係数	Z 値	係数	Z 値
4 km 運賃	−0.723	0.028 **	−1.723	0.286	−0.294	0.440
課税対象所得	−0.175	0.452	0.174	0.726	1.049	0.010 **
人口	1.396	0.029 **	1.238	0.314	−0.410	0.783
高齢化率	−0.963	0.000 ***	−0.535	0.526	−1.132	0.000 ***
中小企業 DI 指数	0.110	0.050 *	0.068	0.382	0.128	0.007 ***
定数項	2.807	0.720	12.633	0.596	23.848	0.196
標本数	100		55		45	
決定係数	0.977		0.976		0.657	
ハウスマン検定	chi2 (5)=750.84		chi2 (5)=45.38		chi2 (5)=71.85	
	Prob＞chi2=0.0000		Prob＞chi2=0.0000		Prob＞chi2=0.0000	

4 km 運賃値上げ	固定効果		変量効果		固定効果	
	係数	Z 値	係数	Z 値	係数	Z 値
4 km 運賃	2.097	0.171	−2.096	0.000 ***	−3.202	0.000 ***
課税対象所得	0.272	0.000 ***	0.421	0.004 ***	0.019	0.657
人口	−0.450	0.000 ***	0.638	0.000 ***	−0.214	0.025 **
高齢化率	−1.358	0.001 ***	−0.226	0.164	−0.007	0.978
中小企業 DI 指数	0.388	0.000 ***	0.120	0.000 ***	−0.033	0.437
定数項	6.953	0.500	24.346	0.000 ***	43.620	0.000 ***
標本数	1240		682		558	
決定係数	0.000		0.352		0.001	
ハウスマン検定	chi2 (5)=14.30		chi2 (5)=0.45		chi2 (5)=9.27	
	Prob＞chi2=0.0138		Prob＞chi2=0.9937		Prob＞chi2=0.0989	

注：＊＊＊，＊＊，＊は，それぞれ 1%，5%，10% 水準で有意である。

3-6 に示す。

　最初に価格についてみる。値下げ地域では，全期間で見ると，4 km 運賃については −0.72 と負に有意で 1 より小さい弾性値が得られており，需要減少局面での値下げは輸送収入減となることが示される。しかしながら期間を区切ると有意な結果が得られない。これはサンプル数が 100 と少ないものをさらに区切ったことで，安定的な結果を得られなかったためだと考えられる。値上げ地域においては，価格は全期間では有意な推定結果が得られないが，期間を区切ることで，規制緩和以前は −2.09 と高い弾力性であったものが，規制緩和以後で −3.20 とさらに弾力的になることがわかる。事業者としては値上げ行

動に出たことで収入減という状況を招いている。

　価格以外の変数（人口，所得，景気動向）については，全国の結果と同様に，値上げ地域で規制緩和前については，仮説に沿う結果であるが，規制緩和後は仮説が当てはまらない。

　これらの推定結果を踏まえると，規制緩和後の価格に対する弾性値をみると値下げ地域で非弾力的な推定結果，値上げ地域では弾力的な推定結果となっている。理論においては，価格弾力的な市場において，価格が上昇することは収入の減少をもたらし，価格非弾力的な市場において，価格が下落することは収入の減少をもたらすものである。しかしながら規制緩和後のタクシー市場において，それぞれの市場環境において価格変更を行ってしまった。すなわち非弾力的な市場において値下げが行われ，弾力的な市場において値上げが行われている，その価格変更によって理論どおりに，輸送収入はますます減少してしまうことになった。すなわちそれぞれの市場環境で実施した運賃変更は，結果的に事業者にとっても望ましくない結果をもたらすものであったことがわかる。

2.4　第2節のまとめ

　第2節では，1991年から2011年までの72都市を対象に，タクシーの需要関数のパネル推定を行った。タクシー運賃がタクシーの需要（実車キロ）に与える影響が有意に負となり，タクシー運賃の値下げにより，タクシーの利用が増加する関係が導かれた。規制緩和以後弾性値は高まった。また，係数の大きさから，需要に大きな影響を及ぼすのは，所得や景気よりも，タクシー運賃であることがわかる。

　また，値上げ都市と値下げ都市とで地域別に区分して分析を行うと，需要の価格弾力性は，運賃値上げ都市では規制緩和以後に一層弾力的な値となり，このような市場環境のもとで運賃変更を実施することは事業者にとってかなりの収入減となることが示された。

第3節　供給側の市場構造

3.1　供給側の状況

　2009年法により，特定事業計画の策定を通じた自主的な減車が行われることとなった。このように規制緩和後に需給調整を復活させることとなった理由は，タクシー事業が，当初想定されていたような理想的な市場環境，すなわち供給量が増えれば価格が下がり，需要が増加するという関係にはなっていないことが理由であると思われる。

　そこで第3節では，規制緩和後のタクシー市場におけるタクシー料金改定について市場集中度の変化との関係を分析することによって，規制緩和後のタクシー市場で起きていることを明らかにする。それによって今後のタクシー事業をどのような市場構造へと誘導していくことが望ましいのかについての政策的含意を導くことができるようになる。

　まずは供給側の状況について把握することを目的に，図3-13でタクシーの車両数と事業者数をみてみる。2002年の改正道路運送法施行後，車両数は増加の一途であるが，2007年をピークとして2009年の規制強化の時期まで減少に転じる。この間の2008年の落ち込みにはリーマンショックによる景気悪化要因も含まれることが考えられる。また，事業者数も規制緩和後に増加するが，ピークは2005年でその後2006年に減少し，低い水準を保ち，2011年に減少となる。第3節で供給側の状況について分析を行う際には，リーマンショックを除く車両数増の状況となっている2000～2008年を対象とする。

　2009年法ではタクシーが地域公共交通としての機能を十分に発揮できることを目的としている。しかしながら供給量の制限方法として，新規参入を認めないことや一律の車両数削減を行うことが適切なのかは疑問である。また，第3章1.3でみたように，下限割れ運賃審査の厳格化により，低運賃事業者に対する監査の体制が強化されたところであるが，この下限の範囲というものも基準が明確でない。そのような方法では既存事業者にのみ有利であって，効率化を進めて値下げを実施し，顧客獲得を目指そうとする意欲の旺盛な新規事業者のインセンティブを減殺することにつながることが懸念される。そこで以下で

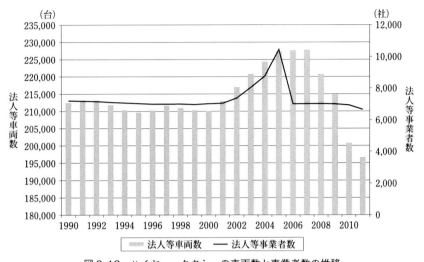

図3-13 ハイヤー・タクシーの車両数と事業者数の推移
出典：国土交通省自動車交通局（各年版）『数字でみる自動車』全国乗用自動車連合会より作成。

は，規制緩和に伴うタクシー市場の集中度の変化とタクシー料金の改定の関係について分析を行うこととしたい。

第3章1.4でもみたように，規制緩和によって運賃設定が自由となったにもかかわらず，値下げ都市は非常に少なかった。つまり，供給量が増えた時期に値下げがわずかしかみられなかった。そのことはすなわち，タクシー市場は供給が増えれば価格が下がるという通常の経済分析の枠組みで想定されるようには動いていない，ということを示している。そこで本節では，規制緩和の前後で各地域のタクシー市場にどのような変化が生じたのかを検証し，それをもとに規制緩和が必ずしも運賃の値下げにつながらないのはなぜなのかを，タクシー市場の構造に着目する形で検討したい。

対象とする期間の終わりの年は，規制緩和後の車両数増加が2007年にピークとなっていること，その時期から1期後のラグをとることから2008年とする。対象とする期間の始まりの年は，大規模な規制緩和が行われたのは2002年で，1期前のラグをとりたいこと，3.2で議論する集中度のデータが偶数年しか存在しないことから，2000年とする。よって2000年から2008年を対象として運賃の変化をみることとする。

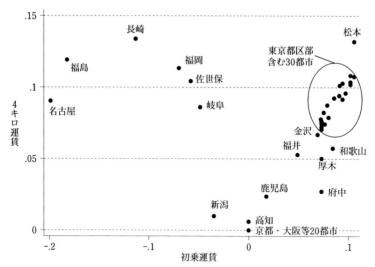

図3-14 初乗運賃（横軸）と4km運賃（縦軸）の変化（2000～2008年の対数差分）

注：熊本，長野，盛岡は極端な外れ値であるため，取り除いて表示した。

　その期間で初乗運賃，4km運賃の変化を図3-14でみると，初乗り運賃では多少値下げもみられるが，4km運賃では0を超えている地域が多く，この間に値上げが進んでいることが示される。

3.2 モデルと説明変数

　ここでは，規制緩和後のタクシー市場におけるタクシー料金改定について市場集中度の変化との関係を分析する。タクシー市場は地域別特性が大きく現れる分野であるため，全国一律の規制を行うことは適切でなく，各地域の特性や実情に応じた規制を行うことが必要になる。このため，地域別の状況を丹念に分析し，地域ごとの特性を理解することが重要といえる。そこで，本節では地域別のデータにより，各地域におけるタクシー事業者の集中や地域の要因といった市場構造が価格設定にどのような影響を与えているのかを分析し，タクシーの市場構造について明らかにする。これによりタクシー市場における今後の規制のあり方についての政策的含意が得られる。

　ここでは，タクシー会社の価格（運賃）の決定と市場構造の関係について着

目し，被説明変数としては4 km 運賃を用いる[25]。説明変数については以下に述べる仮説に基づいて適切な変数を選択する。まず，事業者の行動原理としては，競争相手を駆逐することで，自分たちの価格設定を維持したいと考える。そこで，少数の大手事業者が競争相手を駆逐するために，他の事業者に比して車両数を増加させ，市場支配力を持つ。それによって値上げが維持されるということが考えられる。この仮説の背景には，十分なコンテスタビリティが確保されていれば，仮に市場が寡占的であっても実際には十分な競争が確保され，市場における集中度が価格決定に必ずしも強い影響を与えないことも予想される。ただし，この条件が満たされるためには参入・退出が容易であることが前提であり，分析にあたってはこの点を考慮する必要がある。タクシーの参入に際しては，タクシー事業における事業規制（参入規制や価格規制）の影響を受ける。そうした規制のもとで事業者の戦略が決まり，それによって市場集中度が高まり，それが価格に影響を与えるという考え方である。すなわちここでの仮説は，免許制や価格規制のもとで市場集中度が決まり，それが価格に影響を与えるという考え方をとっている。つまり，市場支配力を持つことで価格が上がるという仮説である。そこで市場支配力を表す変数として，大手4社の車両数比率[26]（以下，「4社集中度」と記載）を用いる[27]。

次に，自動車等関係費が高ければ，その費用をまかなうために値上げをすることが考えられるため，自動車等関係費を用いる。また，その地域の所得が高ければそれに見合う所得を乗務員が求めることが考えられるため，1人当たり所得も用いる。

---

25) 初乗運賃を用いない理由としては，対象としている距離が年・地域によって異なることを考慮できないことによる。また，実収運賃（営業収入/実車キロ）を用いない理由は，それ自体が需要側・供給側の要因を含む変数だからであり，このような内生変数を被説明変数として用いることはできない。

26) 『全国ハイヤータクシー名鑑』より上位4社の保有車両数を調べ，その地域の車両数計で除して求めた。

27) 事業者の規模については，分社化による規模縮小と子会社化による規模拡大の両方の動きが影響している。分社化については，営業停止処分を受けた場合にすべての車両が影響を受けることを回避するためのリスク対策として実施される傾向にある。一方で，第一交通・日本交通のように子会社化を通じて地域を越えた規模拡大を行う動きもある。これらのグループ化によって高い接客サービスや効果的な配車システムといったより良い経営手法がさまざまな事業者に浸透していくことは望ましいことである。こうした分社化や子会社化の影響は今回の分析では捉えきれていない。

第3節　供給側の市場構造　　　　　　　　　　　　　　95

表 3-7　変数の基本統計量

年	変数	平均	標準偏差	最小値	最大値	観測数
対数差分 (2000 年～ 2008 年)	4 km 運賃	0.054	0.054	−0.110	0.254	71
	集中度	−0.055	0.177	−0.541	0.633	72
	自動車等関係費	0.063	0.028	0.003	0.113	72
	1 人当たり所得	−0.101	0.305	−2.478	0.120	72
実数 (2000 年)	4 km 運賃（円）	1215.801	102.549	779.177	1480.000	71
	集中度	0.217	0.111	0.073	0.562	72
	自動車等関係費（円）	96.804	2.086	92.400	101.000	72
	1 人当たり所得（百万円）	1.583	0.243	1.013	2.456	72
実数 (2008 年)	4 km 運賃（円）	1283.864	118.672	867.688	1544.595	71
	集中度	0.207	0.113	0.070	0.688	72
	自動車等関係費（円）	103.032	1.242	99.500	106.000	72
	1 人当たり所得（百万円）	1.460	0.277	0.140	2.010	72

　対象は県庁所在地および人口 15 万以上の 72 都市[28]を対象とし，期間は
2000～2008 年で対数差分をとった値についてクロスセクションの OLS を行う。
特定の地域（熊本[29]，徳島[30]，盛岡[31]，津[32]）で極端な値が出ており，その
ままサンプルに含めると推定結果を歪める可能性があるため，地域ダミーで対
応した。

$$\ln P_{2008i} - \ln P_{2000i} = \alpha_0 + \alpha_1 (\ln Shutu_{2008i} - \ln Shutu_{2000i})$$
$$+ \alpha_2 (\ln Jidosha_{2008i} - \ln Jidosha_{2000i})$$
$$+ \alpha_3 (\ln I_{2008i} - \ln I_{2000i}) + \varepsilon \qquad \langle 式 3\text{-}2 \rangle$$

　ここで，P_i：4 km 運賃，$Shutu_i$：集中度，$Jidosha_i$：自動車等関係費，I_i：1
人当たり課税対象所得。

　運賃，自動車等関係費は『小売物価統計調査』，集中度は『全国ハイヤータ
クシー名鑑』，所得は『民力』によるデータを用いた[33]。

---

28)　対象年の運賃データがない地域（呉市）は，サンプルから除外される。

29)　図 3-14 でも示したように，4 km 運賃がきわだって上昇（+0.25）をしている。

30)　集中度が 7.3%（2000 年）→13.7%（2008 年）と 2 番目に大きく上昇している。

31)　図 3-14 でも示したように，4 km 運賃がきわだって低下（−0.11）をしている。

32)　集中度が 49.2%（2000 年）→68.8%（2008 年）ともっとも大きく上昇している。

33)　『小売物価統計』を用いるタクシー運賃・自動車等関係費は 72 都市のデータであるが，集中度

想定される符号については，集中度が上昇することで価格が上昇するので集中度は正，自動車等関係費の上昇が値上げの理由となりうるため正，1人当たりの所得の増加がタクシー運転者の賃金増を求める理由となりうるため正となることが予想される。表3-7 には各変数の記述統計を示した。

3.3　分析結果

上記の仮説ならびに〈式3-2〉をもとに，それぞれの変数について4つの式で推定を行った。以下，表3-8 に推定結果を示し，結果について詳述する。

集中度は4つの式について仮説通り正に有意な結果が得られている。自動車等関係費についても有意となっており，自動車等関係費の上昇がタクシー運賃の値上げの理由となりうることが示された。しかしながら1人当たり所得については式3および式4のいずれにおいても有意な結果が得られない。これらの結果を踏まえ，式2を採用することとする。外れ値については地域ダミーで対

表3-8　4km運賃の結果

	式1		式2		式3		式4	
	係数	P値	係数	P値	係数	P値	係数	P値
集中度	0.091	0.009 ***	0.065	0.059 *	0.085	0.018 **	0.061	0.083 *
自動車等関係費			0.500	0.008 ***			0.488	0.010 **
1人当たり所得					−0.015	0.369	−0.012	0.474
地域ダミー（熊本）	0.188	0.000 ***	0.181	0.000 ***	0.190	0.000 ***	0.182	0.000 ***
地域ダミー（徳島）	−0.119	0.018 **	−0.102	0.035 **	−0.114	0.025 **	−0.098	0.044 **
地域ダミー（盛岡）	−0.170	0.000 ***	−0.166	0.000 ***	−0.169	0.000 ***	−0.165	0.000 ***
地域ダミー（津）	−0.092	0.045 **	−0.100	0.023 **	−0.086	0.064 *	−0.096	0.032 **
定数項	0.061	0.000 ***	0.029	0.033 **	0.059	0.000 ***	0.028	0.040 **
標本数	71		71		71		71	
調整済決定係数	0.378		0.435		0.376		0.430	

注：***，**，*は，それぞれ1%，5%，10%水準で有意である。

や1人当たり所得のデータは47都道府県のデータで対応している。

応しており，すべて有意となっていることから，説明変数として用いることに問題はない。

まとめると，集中度が上昇すればタクシー運賃の値上げがしやすいことが示された。また，自動車等関係費の上昇が値上げの理由となりうることが示された。1人当たり所得については有意な結果が得られなかった。

3.4　第3節のまとめ

本節では71都市のデータをもとに，規制緩和がタクシー市場に与えた影響について，タクシー事業の市場構造に着目しながら分析を行った。推定結果からは，4km運賃に対して大手事業者の集中度が上昇すれば値上げがしやすいこと，自動車等関係費の値上がりが運賃の値上げに影響するという関係性が示された。一方，1人当たり所得については有意な結果が得られなかった。本節の分析結果からは大手事業者が価格決定に大きな影響を及ぼす関係性が示されており，今後の規制政策においてはこの点を十分に考慮することが必要である。

本節では，市場における集中度をひとまず所与のものとして取り扱ってきたが，実際のタクシー市場では，それぞれの地域の市場をとりまく環境が，事業者の再編などを通じて集中度に影響を与える可能性もある。本節では単一の推定式で推定を行っているが，集中度自体がどのような要因によって規定されるのかも興味深い分析テーマであり，本節の分析の拡張としては，この点を明示的に考慮して同時方程式体系で推定を行うことも考えられる。

小括

「市場メカニズムを通じて社会的余剰の最大化を図るという経済学の原理に照らして，現状をどう評価するか」という観点からは，タクシーの規制緩和が実施され，運賃設定が自由であるにもかかわらず，市場動向をみて運賃設定を行っている地域は少ない。そうしたことが需要の伸び悩みにつながっている可能性がうかがわれる。第2節からは需要の価格弾力性の推定によって，事業者が需要動向をみずに運賃値上げを行っていること，それにより，さらに収入減となっていることが導かれた。第3節からはそのような値上げ行動が可能とな

る市場の状況について分析した。それにより，市場支配力を高めることで値上げ行動が可能となる関係性があることが導かれた。

　タクシー市場をとりまく近年の動向としては，再規制（規制緩和後の新たな規制強化）によって，すでに市場に参入している事業者が有利となっており，さらなる値上げを行うことが可能な状況が予想される。実車率が低下している局面において，車両数削減を実施することには一定の意義が認められるものの，その方法として新規参入を認めないことや，一律の車両数削減を行うことが適切なのかは疑問がある。

　「人口減少・低成長下にはどのような形の公的関与（規制や財政支援など）のあり方が望ましいか」という観点からは，安全面や公益性（乗り場環境の整備や早朝営業努力など）の点から，いわゆる社会的規制が必要な面があることは確かだが，その条件を満たしたうえで，利用者の視点に立って，より良質なサービスを提供する事業者が残ることのできる環境や，新規参入により消費者の利益にかなう多様なサービスの提供が可能となるような環境をどのように整備していくべきなのか，その制度設計のあり方が問われなければならない。

　第3章では，利用者視点に立った視点として，価格メカニズムを中心に，需要や供給に焦点を当てた分析を行った。それにより，タクシーの価格変化が市場に与えた影響についての分析を行うことができた。また，価格が変化したからこそみえてきた，タクシー業界の市場構造についても明らかにすることができた。そして，そうした分析を受けて，必要な政策について提言することができた。

第4章　高速道路の無料化

　高速道路においても，価格に関する議論が政治的に行われたので，本章では高速道路の無料化を分析対象に取り上げる。

　2005年の道路公団民営化によって高速道路整備財源の決着が付いた。民営化後，45年以内の債務完済を行うことが明示され[1]，新直轄方式という新しい整備方式も生まれた（第4章1.4参照）。料金収入を見込むことのできない地方部において，あるいは，距離が短くなって料金収入は見込めないものの巨額の建設費を伴う都市部においては，このような料金方式も含めて対応するしか方法がないということである。

　一方で，高速走行という優れた価値を享受できる高速道路においては，何らかの料金負担が必要であるということもいえる。海外での財源調達に目を転じれば，ドイツ，フランスなど国境を接しているEU各国，あるいは中国でも，環境負荷に対して対距離課金で広く料金負担を求めるという考え方で整備財源を確保していることがわかった。こうした手法も考慮しながら，新たな料金制度を検討していく必要があるのではないかと筆者が考えていたのが2008年くらいのことである。

　その時期に，マニフェストに高速道路の無料化を掲げていた民主党が政権をとる可能性が出てきて，高速道路の無料化が現実味を帯びるようになった。その動きに対して，政治的に追い詰められていた自民党は苦肉の策として，休日普通車上限1,000円という奇策に打ってでた。筆者は，何の政策論争も，将来展望もないまま料金案が次々に飛び出してきて，一体，何が起きているのだろ

---

1)　2012年に山梨県中央自動車道の笹子トンネルの天井板が崩落し，9名が死亡，2名が重軽傷を負う痛ましい事故が起きた。この事故をきっかけに，維持管理費の重要性が改めて認識された。そして2014年5月には，2050年までとしていた高速道路の有料期間を2065年までとする道路整備特別措置法など関連法が改正した。こうして，高速道路を無料とする議論は先延ばしとされている。

うと不安に感じた。

　道路公団が民営化という上下分離をしたことによって，利用者にとってわかりやすい料金体系を採用することも期待されていたことではあった。しかしながら，その料金体系は政治的論争によって翻弄されることとなった。実態を考慮しない料金設定は，渋滞を生み出し，あるいは公共交通機関に打撃を与え，利用者の視点をすっかり欠いたものとなってしまっていた。そこで筆者は，利用者の視点を無視することがいかに地域に負の影響を与えるのか，「市場メカニズムを通じて社会的余剰の最大化を図るという経済学の原理に照らして，現状をどう評価するか」という観点について明らかにしたいと考える。第1節では，高速道路整備制度の経緯について概説する。その中で，高速道路無料化に至る経緯を詳しく述べる。第2節では，全体的な無料化の影響について分析を行う。第3節では，公共交通に着目して分析を行う。その中では，経済学的な需要の変化の捉え方について紹介し，また，無料化終了後にどのような経過を経て他交通機関の交通行動が元へ戻っていくのか，というロックイン効果の観点も含める。

　最後に，以上の検討を踏まえて，「人口減少・低成長下にはどのような形の公的関与（規制や財政支援など）のあり方が望ましいか」というリサーチクエスチョンに基づき，弾力性に基づく料金設定についての提案を行う。

第1節　高速道路とは

1.1　高速道路整備制度の概要

　高速道路と一口で言っても，有料のものも無料のものも，実にさまざまな高速道路が存在する。第4章1.3ではその整備方式について詳しく述べている。高速道路を整備する高速道路公団は2005年に民営化が行われた。以下では道路の中における高速道路の位置づけについて確認しつつ，民営化の状況と料金変更の経緯を確認する。

　道路法に基づく道路[2]には，高速自動車国道，一般国道，都道府県道，市町

---

　2)　道路法によらない有料道路には，道路運送法による一般自動車道，森林組合法による林道，自然公園法による公園道などがある。

村道がある。これらの道路整備を行うために，道路整備特定財源制度[3]と有料道路制度が存在する。道路整備特定財源制度は1958年に設けられ，揮発油税等の道路関連税をもとに，道路の建設・維持費を賄う。有料道路制度は1952年に設けられ，高速自動車国道や都市高速道路，本州四国連絡道路や一般有料道路の総費用を利用者からの料金収入による償還主義に基づいて償う。こうした有料道路の整備を行うために，1956年に日本道路公団，その後，首都高速道路公団，阪神高速道路公団，本州四国連絡橋公団が設立され，高速道路の整備が行われてきた。

　日本の道路は，5次に及ぶ全国総合開発計画（1962年からスタートし，2005年度まで）と，12次にわたる道路整備五箇年計画（1954年からスタートし，2002年度まで）によって整備されてきた。全国総合開発計画は，道路整備以外にも都市公園，下水道などの国土の総合的な開発方針を概ね10年ごとに示すものである。この長期計画に即して，道路整備五箇年計画によって，市町村道から高規格幹線道路に至る道路の具体的な整備量水準を概ね5年ごとに定めている。1957年に国土開発縦貫自動車道建設法が制定され，高速道路の整備が始まる。

　1966年7月1日制定の国土開発幹線自動車道建設法によって国土開発幹線自動車道7,600kmが設定された。また，1987年の第四次全総計画（昭和62年6月30日閣議決定）においては，21世紀に向けた多極分散型の国土を形成するため，"交流ネットワーク"構想を推進する必要があるとして，高規格幹線道路網14,000kmの形成が必要とされた。そこで，この高規格幹線道路網14,000kmのうち，国土開発幹線自動車道建設法の主旨に則り，従前の国土開発幹線自動車道を延伸する路線および国土開発幹線自動車道に準ずる縦貫もしくは横断する路線3,920kmを新たに追加する国土開発幹線自動車道建設法の一部改正が1987（昭和62）年9月1日に公布・施行された。これによって，国土開発幹線自動車道等は11,520kmの網として構成された。

　高規格幹線道路とは，自動車の高速交通の確保を図るための自動車専用道路である。14,000kmの高規格幹線道路網は，高速自動車国道11,520km，およ

　3）　道路整備特定財源制度については，Parumog, Matsuno, and Hibino（2009）において，日米間の比較が詳細に行われている。

び一般国道の自動車専用道路 2,480 km（本州四国連絡道路約 180 km を含む）で構成される。

2010 年度末，供用延長は高速自動車国道が 7,877 km（進捗率 68%），一般国道自動車専用道路 1,207 km（進捗率 48%）である。

こうした計画に基づいて高速道路整備を行っていたものの，約 40 兆円にも上る有利子負債が顕在化することとなった。このように負債が膨大になった原因には大きく以下の点が考えられる。

需要面からは，償還主義に基づき，過大な需要予測のもとに債務償還計画を立てていたものの，需要予測が外れてしまっていた点がある。例えば 1995 年基準の五箇年計画の推計値に対し，実績は 1.5% 減となってしまった。道路関係四公団民営化推進委員会（2002a）によると，「特に GDP が 8.3% 減の影響で貨物車の交通量が 6.5% 減少」と記載されており，オイルショック，バブル経済等予測できないような社会経済情勢の変化がある場合は，推計値と実績値との間に大きな乖離があることが示されている（道路関係四公団民営化推進委員会 2002a）。

供給面からは，建設費の上昇が挙げられる。例えば，高速道路の建設コスト（億円/km）は，1972 年度，建設費 5.3 億円，うち用地費 1.0 億円であったところ，2002 年度はそれぞれ 56.0 億円，11.9 億円となっている。また同期間で，構造物比率も 4.9% であったところ，35.3% と上昇している（全国高速道路建設協議会 2009: 314）。

需要・供給面からは，プール制に基づき，計画路線を整備していくにあたって，地方の交通量が少なく料金収入が低い路線整備が増えた点がある。例えば 2000 年度の営業中高速道路の償還率（償還済額/道路価額）をみると，1968 年に開通した第一東海自動車道（東名）は 282 であるのに対し，1981 年に開通した九州縦貫自動車道・宮崎線（宮崎道）は −112 と大きな開きがある（道路関係四公団民営化推進委員会（2002b））。

有利子負債の増大に加えて，地方部では維持管理費用に対応する収入すら見込めない低未利用の道路を整備していくことで債務が増大することや，天下り・ファミリー企業を温存する道路公団の不透明な経営方式が問題視され，2005 年に道路四公団は民営化された。日本道路公団は東，中，西日本の 3 高

速道路会社へ分割され，首都高速道路公団は首都高速道路株式会社へ，阪神高速道路公団は阪神高速道路株式会社へ，本州四国連絡橋公団は本州四国連絡高速道路株式会社への承継となった。約40兆円の有利子債務は独立行政法人日本高速道路保有・債務返済機構（以下「機構」）が承継した。会社と機構において「協定」を締結し，高速道路資産を会社へ貸し付け，貸付料収入を得ることによって，民営化後45年以内の債務完済を行うことになった。

　民営化の動きと合わせて，道路整備決定方式にも変化が生じた。全総計画のような，国主導で開発を重視する計画方式を見直すことが2005年に決定し全総計画は廃止され，成熟した社会におけるインフラの利活用をはかるための国土形成計画（2008（平成20）年7月4日閣議決定）に代わる。国土形成計画は長期的な国土づくりの指針を決めていくことになる。

　また2003年には，道路整備五箇年計画を含む国土交通省の9本の事業分野別長期計画を統合し，コスト縮減，事業間連携の強化を図ることを目的として，社会資本整備重点計画（2003（平成15）年10月10日閣議決定）が制定される。具体的な道路整備については，社会資本整備重点計画で決定される。整備対象は引き続き，1987年法に基づく高速自動車国道の11,520 kmとなる。

　これまで高速自動車国道の整備路線や整備方式を決定する会議は，国土開発幹線自動車道建設法に基づく国土開発幹線自動車道建設審議会（国幹審）で行われてきた。この会議は1957年から2001年の間に32回開催された。メンバーは政治家や学識経験者，20人以内で構成される。省庁再編によって2003年に名称が変わり，国土開発幹線自動車建設法にもとづいて国土開発幹線自動車道建設会議（国幹会議）で決定するようになる。高速自動車国道11,520 kmが引き続き整備対象である。

1.2　高速道路の整備の優先順位

　しかしながらこの国幹会議の開催は政治の影響を大きく受ける。2009年8月30日の第45回衆議院議員総選挙で圧勝し政権交代を果たした民主党は，マニフェストで国幹会議の廃止を掲げ，2009年4月27日第4回の会議後は開催されていない。さらに，国幹会議を廃止することを目的として，高速自動車国道法及び道路整備事業に係る国の財政上の特別措置に関する法律の一部を改正

する等の法律案を第174通常国会に閣法として提出したものの（2010年4月13日付託），第176通常国会で審査未了，廃案（2010年10月22日付託）となった。

　民主党は整備の優先順位を定める審議事項について不透明であることを理由に国幹会議廃止を想定していたが，2009年以降の着工の優先順位は不明瞭なままだ。以下でみてみよう。国幹会議廃止法案では，社会資本整備審議会での審議を義務づけている。そこで，社会資本整備審議会道路分科会第39回基本政策部会（2012年3月30日）の配布資料における優先順位は下記のとおりとなっている。そこでの優先順位の基準としては，①道路の賢い使い方による多様な利用者の共存，②道路が有する新たな価値の創造，③交通結節機能の充実・高度化，公共交通利用の促進，④基幹ネットワークの戦略的な整備・活用，⑤防災も含めた国土の信頼性確保，⑥持続可能で的確な維持管理・更新，⑦低炭素型モビリティの普及促進に向けた対応，道路空間のグリーン化という7つの項目が挙げられている。しかしながら，この基準によって，どうやって新規着工区間が決まるのか，といったことを理解する手がかりとはならない。

　例えば，宮城県仙台市と青森県八戸市を三陸沿岸で結ぶ高速道路の三陸縦貫自動車道など3路線計360 kmの区間について，2011年以降の10年間程度の完成が予定されている（2011年7月1日大畠国土交通大臣会見）。この一部区間である三陸縦貫自動車道の一般国道45号，本吉—気仙沼道路（II期）についての費用便益比は1.2に過ぎない（国土交通省2011d）。一方で，東京外環自動車道（関越道—東名高速道路間）の費用便益比は3.3である（国土交通省東京外かく環状国道事務所2005）が，2014年6月，事業進捗の見通しは立っていない。このように，道路整備優先順位は，依然不透明なままである。

1.3　高速道路整備財源方式の考え方

　高速道路と一口にいっても有料か無料かによって，表4-1に示すように，整備方式に違いがある。以下，整備方式の違いについてみてみよう。

　まず，東名，名神，中央道などの通常の高速道路は，正式には高速自動車国道という。これは一定期間（料金徴収期間）内に得られた料金収入で，整備や維持管理に要する総費用をまかなう「償還主義」に基づいて決められている。現在の料金体系は，道路公団民営化（2005年に実現）のときに，それまでの道

第1節　高速道路とは　　105

表 4-1　高速道路（高規格幹線道路）の区分

	有料道路	無料道路
高速自動車国道（A 路線）	通常の高速道路〔東名，名神，中央道など〕	新直轄〔東九州自動車道〕
高速自動車国道に並行する一般国道の自動車専用道路（A' 路線）	通常の A' 路線	一般国道自専道のうち，A 路線として整備された区間
	合併施行によって整備された区間	
一般有料道路（B 路線）	通常の一般有料道路（B 路線）	

路整備に要した約 40 兆円に上る有利子債務を，2050 年までの 45 年間の料金収入で返済するという条件のもとで定められている。長大トンネル，海峡連絡橋，大都市近郊以外の路線では，原則として対距離課金からなる全国一律の料金制度が採用されている。具体的には，高速道路の料金は，走行距離に応じて決まる可変料金（普通車の場合，24.6 円/km）と，利用 1 回ごとにかかる固定料金（150 円）からなっており，これに消費税が別途加算される。そして，料金負担の公平性を高める観点から，公正妥当主義（道路空間を占有していることを意味する占有者負担原則，舗装費等の維持管理費用に対する原因者負担原則，需要の価格弾力性を意味する受益者負担の原則）の考え方に基づいて，普通車 1.0 に対し，軽自動車 0.8，中型車 1.2，大型車 1.65，バスなどの特大車 2.75 という車種間料金比率が定められている。

　このように高速道路は一般道と異なり，税金ではなく料金による財源確保がなされてきた。高速道路の利用者は一般道の利用者よりも，高速走行というより高い便益を受ける。このようなサービス水準の高い道路（高速道路）の整備や維持管理に要する費用は，その便益を受ける利用者が支払うことが妥当という考え方から，利用者が料金を負担するという受益者負担の考え方が採用されている。

　受益者負担の観点からすれば，ある路線の建設や維持管理に要する費用を，その路線の利用者から徴収するという路線ごとの個別採算性の考え方もある[4]。だが，高速道路については，実際には各路線から得られる料金収入をプールし

---

4)　一般有料道路は路線ごとの償還主義に基づいて料金が決定されてきた。高速自動車国道も制度発足当初は個別路線ごとに採算の判断がなされていた。しかし，1972 年より，全国プール制となり，一律料金体系となった。

て，全路線の建設と維持管理に要する費用を全路線の料金収入でまかなうという考え方（料金プール制）が採用されてきた。高速道路にはネットワークとしてつながることで，さらなる利用を増やすことができるという外部効果（ネットワーク外部性）があり，この観点からすれば，全国料金プール制には一定の合理性が認められる。

　同時に，料金プール制は内部補助を可能にするスキームでもあり，これによって不採算路線の建設が可能になるという側面もある。反面，このようにして高速道路がつくり続けられると，債務の償還期限が伸びてしまうというおそれがある。このため，道路公団の民営化に際しては，保有機構の債務返済期限が民営化後45年間（2050年9月）に固定され，新たな建設はその範囲内とされた。機構が保有している高速道路の貸付が，機構と会社による協定に基づくものであることから，整備の財源について同一社内での路線間内部補助はありうるが，会社間での補助はありえない仕組みになっている。したがって，民営化後の高速道路料金については，各社が運営している路線の採算性や整備費用に応じて一定の差が生じる可能性があるが，実際には民営化後も会社間で料金水準に差はなく，全国一律の料金設定がなされている。

　次に高速自動車国道に並行する一般国道の自動車専用道路についてみてみよう。ここには有料道路，合併施行方式によって有料が維持されている道路，さらに，無料道路も存在する。道路会社が整備する一般有料道路や，都市高速道路の整備事業においては，個別路線の採算性のもとで整備が行われる。しかしながら，需要の少ない路線では適正な料金水準のもとで道路会社の採算を確保することはできない。そこで合併施行方式によって対応することとなる。この合併施行方式では，本来道路管理者が行うべき，用地取得および工事施行の一部を国が一般道路事業として行い，道路会社が残りの工事施行ならびに有料道路の管理を行うことになる。例えば西湘バイパスの公共事業費に占める有料比率は81%という高い水準のものもあれば，一方で南阪奈道路は36%と低い水準のものもある（国土交通省2011c）。

　有料道路事業とあわせた合併施行方式は，税金投入さえ見込むことができれば，早期完成という観点から，有効な整備方式であるといえる。とはいえ，公共事業の比率が極めて高い「薄皮有料」と批判される道路については，早期整

備につながらないとの見方がある一方で，料金徴収ではなく税金投入で道路整備を行うことに対する批判にもつながっている。さらに，通常の一般有料道路もある。ここまでがいわゆる高速道路の有料区間である。

次に高速道路の無料区間である，新直轄方式について見ていく。この新直轄方式とは，道路公団民営化の議論の際に生まれた新しい制度である。これまでも高速自動車国道に並行する一般国道自動車専用道路は直轄事業として税金によって整備されてきた。このときの整備費用負担割合は国が2/3，都道府県が1/3となっている。しかしながら，低需要で料金収入の見込めない区間に対して地方負担を明示する形で整備する方式が生み出された。新直轄方式における費用負担割合はそれぞれ，国が3/4と地方が1/4である。15年間で国地方合わせて3兆円の規模である。地方負担部分については，交付税措置されることとなり，自動車重量税の地方譲与税部分を重点配分することで，地方公共団体の負担は実質ゼロとなる。

高速国道の整備計画区間（9,342 km）について，従来はすべて有料道路として建設を予定していた。しかしながら未供用区間の約2,000 kmについては，以下のように事業方法が見直しとなった。すなわち，①直ちに新直轄方式に切り替える道路，②有料道路事業のまま継続する道路（今後追加的に新直轄方式に切り替わりうるものを含む）に分け，そのいずれについても，③抜本的見直し区間（5区間，143 km）を設定することになった（国土交通省2003a）。

それ以外にも一般国道自動車専用道路のうち，A路線として整備されたもので無料開放されている路線もある。

このように高速道路の整備方式が変化している中で，高速道路料金の設定において政治による介入が生じた。そのことについて第4章1.5でみていく。

1.4　道路公団の民営化によって期待されていること

道路公団の民営化によって大きく以下の2点が期待できる。1つ目は確実な債務返済の道筋が立ったことである。日本高速道路保有・債務返済機構に債務を区分することで，道路会社が膨大な債務を負わなくて済むようになった。民営化の段階において，45年以内の債務完済を行うことが確定できており，この歯止めができたことによって，膨大な負債を抱えて道路整備を続けていくこ

とはなくなった。とはいえ第4章1.3でみたように，新直轄方式という税金に
よる新たな道路整備方式が生まれたので，今後の道路整備延長は税金投入によ
るものも増えることが予想される。

　2つ目は，道路会社間に競争関係が生まれることである。フランスでは高速
道路会社の民営化によって14の高速道路会社が競争をしており，国境を越え
てイギリスやベルギーの高速道路の受注まで行う，競争的な市場が構築されて
いる（松野2010）。このように競争的な環境が整備されれば，高速道路運営に
おける高コスト体質改善努力が生まれることが期待される。

1.5　利便増進事業の割引

　全国一律の料金設定がなされていた高速道路であったが，民営化された道路
会社の料金に対して政治的な働きかけが起こるようになった。高速道路無料化
をマニフェストに掲げていた民主党に対抗して，自公政権は，ETC を利用し
た「休日普通車上限1,000円施策」を2009年3月から実施した。以下では，
高速道路料金の引き下げの経緯をみていく。

1.5.1　自公政権のもとで導入された高速道路料金引き下げ

　まずは自公政権における料金変更の動きである。自公政権で実施されてきた
高速道路料金の引き下げは，「道路整備事業に係る国の財政上の特別措置に関
する法律」の改正で導入された，高速道路利便増進事業によって行われている
措置である。この引き下げは，2008年度以降，10年間の措置として実施され，
所要額として3兆円の予算規模が想定されている（当初の規模は2.5兆円であ
ったが，2008年度第2次補正予算において，5,000億円が追加された）。その
所要額は，機構の債務を一般会計に承継する形で国が負担する。利便増進計画
は，機構と高速道路会社各社が2009年3月に策定した計画に基づくものであ
る。

　利便増進計画の内容は，東日本・中日本・西日本高速道路会社（以下「NEX-
CO」という）が管理している高速道路の場合，地方部の路線・区間において，
平日については全線・全車種・全時間帯3割引以上の料金引き下げを，休日に
ついては普通車以下全時間帯5割引，上限を1,000円とする「休日普通車上限

第1節　高速道路とは　　　109

1,000円施策」を実施するというもので，2011年6月までの間，高速道路料金が大幅に引き下げられた。

1.5.2　民主党政権のもとでの上限料金制案の発表

　以上のような自公政権のもとで実施された料金政策に対して，2010年4月に民主党政権としての見直しの方向性が示された。それは，当時実施されていた各種の割引制度を廃止し，6月から車種別に上限料金制を設けるというものである。そして，当初，措置された所要額3兆円から，2010年3月までに使用済みとなった5000億円を引いた残高2.5兆円のうち，料金割引に1.2兆円を，道路の整備費に1.4兆円を充てることとした。

　割引の内容としては，NEXCOの場合，平日，休日関係なく，軽自動車1,000円，普通車2,000円，中型車，大型車5,000円，特大車10,000円が上限料金となり，それ以下は利用距離に応じた料金を支払うことになる。距離に応じて料金を負担することは合理的といえる反面，利用する距離によっては割引がなくなり，料金が従来の水準に戻ることになる。

　ところが，料金割引のための財源を高速道路の整備財源に転用することに対して，民主党内から異論が相次いだため，上限料金制への移行は見送られ，これに代わる新たな料金案の検討が行われたものの，2011年3月11日の東日本大震災の発生により，公表されることもなかった。

　また，利便増進事業の使途変更を可能にするための規定を盛り込んだ「高速自動車国道法及び道路整備事業に係る国の財政上の特別措置に関する法律の一部を改正する等の法律案」は，第174通常国会に提出されたものの，最終的には廃案となった。

　さらに「東日本大震災に対処するために必要な財源の確保を図るための特別措置に関する法律」が2011年5月に成立したことによって，2013年度末までに独立行政法人日本高速道路保有・債務返済機構から2,500億円を国庫に納付し利便増進事業は終了となった。

1.6　高速道路無料化

1.6.1　高速道路無料化実験の実施

　民主党は上限料金制を提案する一方で高速道路無料化社会実験の実施を開始する。2010年6月に始まった高速道路の無料化実験は，高速道路を徹底的に活用し，物流コスト・物価を引き下げ，地域経済を活性化することを目的として行われた。また，高速道路を原則無料化する利便増進事業による料金引き下げとは別のスキームのもとで実施された。すなわち，料金決定が国土交通大臣の認可事項であることを踏まえて社会実験という形をとっており，予算措置が政策実施の裏づけとなっている。2010年度一般会計予算においては，「道路交通円滑化推進費」という新しい予算項目が立てられ，その予算規模は1,000億円となっている。この中には，「1　高速道路の無料化に関する社会実験等」とともに，「2　公共交通利用促進支援事業に要する経費の軌道経営者に対する一部補助」も含まれる。2010年度予算の概算要求段階で，国土交通省は無料化のための予算として6,000億円の予算要求を行っていたが，最終的には予算規模が大幅に圧縮され，1,000億円でスタートした。もともと，民主党の無料化案では，首都高・阪神を除く全ての路線・区間が無料化の対象であったが，実際に無料化されたのは37路線50区間で，高速道路の全供用延長の約2割，1,652キロメートルという限定的なものにとどまっている。この実験内容については，3.1で述べるように国による検証が行われた。

　2011年2月9日には「平成23年度高速道路の原則無料化社会実験計画（案）」（国土交通省2011a）が発表された。これによると，当面の実験区間については，沖縄を除くすべての区間で無料化を継続するとしている。また，有料と無料が混在している区間の解消，および延伸効果の検証を行うため329kmの区間延長が予定されていた。実験期間は当初，2011年6月頃から2012年3月までが予定されていた。さらに，物流効率化のための夜間大型車無料化社会実験として，夜間に走行するETC搭載の中型車以上の車両の無料化が計画されていた。この実験期間は，2011年6月頃から2011年12月までであった。

　しかしながら，2011年3月11日に東日本大震災が発生し，無料化実験は2011年6月20日で一時凍結となる。そしてこの無料化のための財源は，平成23年度第一次補正予算において，「高速道路の原則無料化社会実験の一時凍結

に伴う道路交通円滑化推進費の減額」として 1,000 億円が計上され，東日本大震災の復旧費用に充てられた。

1.6.2　東北地方の無料化

2011 年 3 月 11 日の東日本大震災以降，被災者支援および復旧・復興支援のため，災害時における無料開放措置として，道路整備特別措置法第 24 条に基づいて東北地方を対象に高速道路の無料化が行われた（国土交通省 2012a）。このための財源は東北地方の高速道路の無料開放として，平成 23 年度第三次補正予算に 250 億円盛り込まれている。

まず，被災者支援として，2011 年 6 月 20 日から 2011 年 11 月 30 日までの期間，東北地方（水戸エリアの常磐道を含む）を発着する被災者及び原発事故による避難者，トラック，バス（中型車以上）について無料開放が実施された。ETC ではなく，市町村が発行する罹災証明書，被災証明書と本人確認できる書面によって一般レーンで確認がなされた。

そして，復旧・復興を支援するため 2011 年 12 月 1 日から 2012 年 3 月 31 日までの期間，以下の 3 つの支援がなされた。1 つは被災地支援目的であり，全車種を対象に東北地方（水戸エリアの常磐道を含む）の路線のうち，「東北地方の高速道路の無料開放対象路線」に記載の路線について無料となった。2 つは観光振興目的であり，普通車以下（土日祝日・ＥＴＣのみ）を対象に，東北地方（水戸エリアの常磐道を含む）の路線のうち，被災地支援の対象路線以外の路線について無料化が実施された。3 つは避難者支援であり，被災地支援の対象エリア内の市町村から対象エリア外の市町村への避難者および全車種（避難者が運転または同乗している車両）を対象に無料化が行われた。必要書類は罹災証明書，被災証明書と本人確認できる書面に加えて避難元の地域から避難先の地域へ生活の拠点を移したことが確認できる書面である。

1.6.3　原発事故による避難者に対する高速道路の無料措置

原発事故による避難者支援として，2012 年 4 月 1 日以降，全車種（避難者が運転または同乗している車両）を対象に原発周辺のインターチェンジを入口または出口とする走行について無料化が行われた。対象インターチェンジにつ

いては見直しが行われ，この無料化措置は2013年3月31日まで実施された。

　この無料化の根拠は，道路整備特別措置法施行令第11条に「料金を徴収しない車両」として定められている。財源は国費から充当されておらず，NEXCO東日本が料金未収分を負担することとなった。

1.7　政府による検討の方向性

　第4章1.5でみたように，経済対策で追加された利便増進事業による割引の期限は2013年度末となっていた。それに合わせて今後の料金制度のあり方を大きく規定する国土幹線道路部会中間答申が2013年6月25日に発表された（国土幹線道路部会2013）。その中では，①新しい料金水準の導入，②今後の料金割引のあり方，③維持管理・更新への取り組み・負担のあり方について方向性が示された。目指すべき方向性として，①公正妥当な料金の実現と低減への努力，②安定的でシンプルな枠組みの構築，③弾力的な料金施策などによる交通流動の最適化が挙げられている。

　これにより，かつては償還主義を念頭に，整備を行うことを目的とした料金制度であったが，これからは対距離制を基本とした料金に転換されることが提案されている。これを受けて首都高では2016年4月から，近畿圏の高速道路では2017年6月から対距離制が導入された。

1.8　価格弾力性に基づく価格づけ

　第4章1.3でみたように，高速道路は有料道路として実際には各路線から得られる料金収入をプールして，全路線の建設と維持管理に要する費用を全路線の料金収入で賄うという考え方（料金プール制）が採用されてきた。高速道路にはネットワークとしてつながることでより効果を発揮することができるという外部効果（ネットワーク外部性）があり，この観点からすれば，全国料金プール制には一定の合理性が認められる。

　同時に，料金プール制は内部補助を可能にするスキームでもあり，これによって不採算路線の建設が可能になるという側面もある。反面，このようにして高速道路が作り続けられると，債務の償還期限が伸びてしまうおそれがある。このため，道路公団の民営化に際しては，保有機構の債務返済期限が民営化後

45年間（2050年9月）に固定され，新たな建設はその範囲内とされた。

　機構が保有している高速道路の貸付は，機構と高速道路会社による個別協定に基づくものであることから，整備の財源について同一社内での路線間内部補助はありうるが，会社間での補助はありえない仕組みになっている。したがって，民営化後の高速道路料金については，各社が運営している路線の採算性や整備費用に応じて一定の差が生じる可能性があるが，実際には民営化後も会社間で料金水準に差はなく，全国一律の料金設定がなされ，償還主義が維持されている。受益者負担の観点からすれば，ある路線の建設や維持管理に要する費用を，その路線の利用者から徴収するという路線ごとの個別採算性の考え方もある。

　償還主義の考え方からすると高速道路の無料化は高速道路制度の基本的な考え方を根幹から変更することになる。このため，その是非についてはさまざまな議論がなされている。一方，現在のように全国一律の料金体系が，高速道路の効率的な利用という観点からみて望ましいものなのかについてもあらためて考えてみる必要がある。そこで，これらの問題を考えるための出発点として，ここでは理論的な観点から望ましい高速道路料金のあり方について整理してみることにしよう。

　公的に供給される財・サービスの費用は税金で賄われるのが通例であるが，すでに述べたように，高速道路など料金徴収が可能な財・サービスの供給については，受益者負担の考え方に基づいて費用負担を求める考え方がある。ここでいう受益は，そのサービスから得られる便益に対して，利用者が支払ってもよいと思う価格（支払意思額）とそのもとでの利用者（需要者）の数を対応させた需要曲線で表される。この需要曲線をもとに，需要の価格弾力性に応じて価格づけを行う考え方を，高速道路の料金決定に取り入れることは1つのアイデアとして検討に値する。

　例えば，観光などを目的とした高速道路の利用は，価格が高ければとりやめることもできるし，安ければ利用の大幅な増加が見込まれるなど，需要の価格弾力性が比較的大きいといえる。この場合には，観光目的の利用者に対して割引を実施することで，需要を喚起させることが期待され，その具体例としては休日割引が挙げられる。しかしながら，道路容量に限りがある中で，通行の必

要性が相対的に低い観光用車両に対して割引を実施することで高速道路の利用を促し，高速走行という希少な資源を使うことがどこまで認められるのかについては，各路線・区間ごとに利用実態を十分見極める必要がある。1台当たりの利用者の多い観光バスなどの割引はありうるが，乗車人数の少ない乗用車の割引は，場合によっては不適切かもしれない。

次に，トラックなどの産業需要は，速達性・確実性をサービス供給の前提としているため，価格弾力性は小さいと考えられる。したがって，価格弾力性を基準にした料金設定という考え方に即していくと，トラックなどの料金割引は正当化しにくい。もっとも，大型車両が料金の負担を避けて一般道を迂回することは安全や環境面からも望ましくなく，外部費用が無視しえないくらいに大きいということを考慮すれば，高速道路料金を政策的に割り引くことで，大型車の高速道路利用を促進することに妥当性が生じる。

無料化実験は，交通量の少ない区間で実施されており，需要の価格弾力性に基づき，需要が見込めないところを安くするという考え方が採用されたとみることができる。もっとも，割引が認められるとしても，維持管理費程度の費用負担を利用者に求めるという考え方もあり，維持管理費用を利用者が負担することによって，料金が無料になるということはない。

第2節　無料化の影響（全体）

2.1　国土交通省の検証結果

国土交通省において高速道路無料化についての検証が行われている。その内容についてみていきたい。検証は，①開始日，②1週間データ，③1，3，6ヶ月データ，④年間とりまとめの4つの期間で行われることを想定していた。しかし，公表されているのは③までで，④については公表されていない。公表時期が東日本大震災の発生時期と重なったため，公表がなされなかったものと思われる。

評価指標としては，①高速道路の交通量，②一般道交通量の高速道路への転換，③渋滞量（走行速度，渋滞回数等），④物流車の利用回数等，⑤観光地の観光客数等，⑥他の交通機関輸送量を対象としている。

ここで 6 ヶ月データについての結果を述べる。①については「高速道路の実験区間の交通量は約 2 倍に増加」，②については「並行する一般道路では，高速道路への転換により，交通量は 2 割減少」，③については高速道路の実験区間（50 区間）では，平日は約 1 割，休日は約 2 割の区間で渋滞が発生」，④については，「重要港湾・拠点空港の最寄 IC の大型車交通量は約 2.5 倍に増加」，また，「大型車の交通量は，高速道路の実験区間では約 2.2 倍に増加」「並行する一般道では約 4 割減少」，⑤については，「無料化区間 IC の近傍（10 km 圏内）や，社会実験にあわせた地域の取組を実施している施設では入込客数が増加」となっている。概ね予想どおりの結果であった。

⑥では，JR（特急），大手民鉄・地域鉄道，高速バス，フェリーを対象としている。そこでは「マクロとして，実験開始前後で大きな変動はみられない」との結果となっている。4 つの他の交通機関について，「個別にみた場合，高速バスについて前年を下回り，かつ実験前より減少傾向の路線の割合が比較的大きい状況」としている。無料化 7 ヶ月のうち，平均値で対前年同月比が 100% を下回っている月は，JR（特急）において 6 ヶ月，大手民鉄・地域鉄道において 3 ヶ月，高速バスにおいて 4 ヶ月，フェリーにおいて 5 ヶ月となっており，子細にみれば無料化によって他の交通機関は負の影響を受けていることが示されている。なぜ「マクロとして，実験開始前後で大きな変動はみられない」との記載になるのかは，不明である。いずれにせよ，他の交通機関の影響については，民間事業者の交通量データの提供が欠かせないが，そのデータは入手できないので影響を検証することは難しい。

上記⑥以外には，実験区間のある 31 の都道府県の意見も寄せられている。その中では，無料化社会実験によって利用増や，並行一般道の渋滞緩和や観光客の増加がみられる自治体は無料化政策を評価している。しかし，他の交通機関への負の影響が出ることには強く反対している。また，無料化政策よりも道路整備を優先させてほしいという意見が大多数である。

2.2 高速道路無料化への影響（個別区間について）

高速道路無料化の個別区間の結果についても，国土交通省のホームページで掲載されている[5]。そこで，このデータをもとに，無料化のプラスの側面とマ

イナスの側面について評価した。

2.2.1 プラスの側面

プラスの側面としては，まず交通量の増加が挙げられる。実験前と比較して，平日・休日ともに平均87%の利用増となっている。ただし，実施当初においては利用増がみられたものの，その後利用が減少し始めている地域があることに留意が必要である。一時的な物珍しさから利用が増えているに過ぎない可能性がある。

次に，一般道からの交通量の転換による渋滞の緩和が挙げられる。実験前と比較して，一般道の交通量は平日で19%，休日で17%の利用減となっている。一般道から高速道路への転換により，主要な並行一般道の渋滞時間（時速10km以下）は約6割減少し，混雑時間（時速20km以下）については約4割の減少がみられた。

2.2.2 マイナスの側面

マイナスの側面としては，高速道路の渋滞が挙げられる。渋滞発生区間数（区間/日）は，平日の場合，第1週で2.8，第2週で2.6，第3週で4.2，第4週で4.3という発生状況である。また，休日の場合，第1週で9.5，第2週で5.5，第3週で16，第4週で8.5という発生状況となっている。武雄佐世保道路（佐世保大塔～佐世保三川内）と沖縄自動車道（宜野座～金武）は4つの週全てで渋滞が発生している。

次に公共交通（鉄道，高速バス）の利用減が挙げられる。特に高速道路と並行する鉄道は打撃を受けており，なかでもJR北海道・JR四国・JR九州への影響が大きい。高速バスの利用状況との因果関係は鉄道ほど明らかでない。

2.2.3 個別区間でみた渋滞や公共交通への影響

以上のように，無料化実験の対象となった高速道路の交通量が増加し，並行

---

5) 他の交通機関については1週間のデータが公表されているのでこちらを用いる。道路関係についてはさまざまな時期のものが公表されているが，長期的傾向をみることのできる1ヶ月のデータを用いる。

表 4-2　高速道路無料化社会実験区間の渋滞発生状況

番号	実験代表区間名	渋滞発生状況（区間／日）										評価
		平日					休日					渋滞発生基準
		実験前※1	実験第1週※2	実験第2週※3	実験第3週※4	実験第4週※5	実験前※1	実験第1週※2	実験第2週※3	実験第3週※4	実験第4週※5	
1	道央自動車道　深川～旭川鷹栖	—	—	—	—	—	—	—	—	1	—	×
2	深川留萌自動車道　深川西～深川JCT	—	—	—	—	—	—	—	—	—	—	○
3	道東自動車道　音更帯広～池田	—	—	—	—	—	—	—	—	—	—	○
4	道東自動車道　追分町～夕張	—	—	—	—	—	—	—	—	2	—	×
5	日高自動車道　苫小牧東～沼ノ端西	—	—	—	—	—	—	—	—	—	—	○
6	青森自動車道　青森中央～青森JCT	—	—	—	—	—	—	—	—	—	—	○
7	八戸自動車道　一戸～九戸	—	—	—	—	—	—	—	—	—	—	○
8	秋田外環状道路　秋田北～昭和男鹿半島	—	—	—	—	—	—	—	—	1	—	×
9	日本海東北自動車道　岩城～秋田空港	—	—	—	—	—	—	—	—	—	—	○
10	湯沢横手道路　十文字～横手	—	—	—	—	—	—	—	—	—	—	○
11	東北中央自動車道　山形上山～山形中央	—	—	—	—	—	—	—	—	—	—	○
12	米沢南陽道路　米沢北～南陽高畠	—	—	—	—	—	—	—	—	—	—	○
13	釜石自動車道　東和～花巻空港	—	—	—	—	—	—	—	—	—	—	○
14	山形自動車道　庄内空港～酒田	—	—	—	—	—	—	—	—	1	1	×
15	山形自動車道　西川～月山	—	—	—	—	—	—	1	—	1	—	×
16	日本海東北自動車道　聖籠新発田～中条	—	—	—	—	—	—	1	—	3	—	×
17	東水戸道路　水戸大洗～ひたちなか	—	—	—	—	—	—	—	—	—	—	○
18	八王子バイパス　鑓水～片倉	—	—	—	—	1	—	1	1	1	—	×
19	新湘南バイパス　藤沢～茅ヶ崎中央	—	—	—	—	2	—	—	—	1	1	×
20	西湘バイパス　橘～国府津	—	—	—	—	—	1	—	—	3	2	×
21	箱根新道　須雲川～芦ノ湖大観	—	—	—	—	—	—	—	—	3	2	×
22	中央自動車道　都留～河口湖	—	—	—	1	1	—	—	—	2	2	×
23	中部横断自動車道　増穂～南アルプス	—	—	—	—	—	—	—	—	—	—	○
24	西富士道路　広見～小泉	—	—	—	—	—	—	—	—	—	—	○
25	安房峠道路　中ノ湯～平湯	—	—	—	—	—	—	—	—	—	—	○
26	伊勢自動車道　津～久居	—	1	1	2	—	—	—	1	3	1	×
27	舞鶴若狭自動車道　舞鶴東～大飯高浜	—	—	—	—	—	—	1	1	3	1	×
28	京都丹波道路　篠～亀岡	—	4	4	5	3	—	2	2	3	2	×
29	安来道路　安来～東出雲	—	—	—	—	—	—	1	—	—	—	×
30	山陰自動車道　宍道～松江玉造	—	—	—	—	—	—	1	—	—	—	×
31	岡山自動車道　岡山総社～賀陽	—	—	—	—	—	—	—	—	2	1	×
32	江津道路　江津～江津西	—	—	—	—	—	—	—	—	—	—	○
33	広島県道路　呉～天応東	—	1	2	3	2	—	—	—	3	2	×
34	松山自動車道　伊予～内子五十崎	—	—	—	—	—	—	—	—	3	2	×
35	松山自動車道　西予宇和～大洲北只	—	—	—	—	—	—	—	—	—	—	○
36	高知自動車道　土佐PAスマート～須崎東	—	—	—	—	—	—	—	—	—	—	○
37	八木山バイパス　篠栗～筑穂	—	—	—	—	—	—	1	—	1	—	×
38	椎田道路　築城～椎田	—	—	—	—	1	—	1	—	2	1	×
39	日出バイパス　速見～日出	—	—	—	—	—	—	—	—	—	—	○
40	東九州自動車道　津久見～佐伯	—	—	—	—	1	—	1	—	—	—	×
41	延岡南道路　延岡南～門川	—	—	—	—	—	—	—	—	—	—	○
42	東九州自動車道　西都～宮崎西	—	—	—	—	—	—	—	—	2	—	×
43	隼人道路　隼人東～隼人西	—	—	—	—	—	—	—	—	—	—	○
44	大分自動車道　日出JCT～速見	—	—	—	—	—	—	—	—	—	—	○
45	大分自動車道　大分光吉～大分米良	—	—	—	—	—	—	—	—	1	—	×
46	武雄佐世保道路　佐世保大塔～佐世保三川内	—	5	4	5	4	—	2	1	3	2	×
47	長崎バイパス　間の瀬～川平	—	2	—	1	—	—	—	—	—	—	×
48	八代日奈久道路　八代南～日奈久	—	—	—	—	—	—	—	—	—	—	×
49	鹿児島道路　美山～伊集院	—	1	—	1	—	—	—	—	—	—	×
50	沖縄自動車道　宜野座～金武	—	—	2	—	—	—	2	2	2	2	×

注1：渋滞発生基準においては，期間にわたって1日でも渋滞が発生していれば「×」，発生していなければ「○」として評価している。

注2：元データにおいては，日数以外にも，渋滞を3つの要因（①一般道路との合流部での交通集中，②高速道路本線での交通集中，③その他）とともに記載しているが，ここでは発生日数のみ表示している。

注3：40 km/h以下，延長1 km以上を渋滞として整理。

注4：事故のみによる渋滞は除く。

平日：※1) 6/21～6/25　※2) 6/28～7/2　※3) 7/5～7/9　※4) 7/12～7/16　※5) 7/20～7/23。

休日：※1) 6/20, 6/26　※2) 7/3, 7/4　※3) 7/10, 7/11　※4) 7/17～7/19　※5) 7/24, 7/25。

出典：国土交通省（2010a）『高速道路無料化社会実験区間の渋滞発生状況』をもとに作成（http://www.mlit.go.jp/common/000 121603.pdf）。

表 4-3 高速道路無料化社会実験区間に並行する公共交通への影響

番号	実験代表区間名		並行する鉄道	鉄道（%）				高速バス（%）		評価
				普通＋特急（断面）		特急のみ（断面）				公共交通基準
				平日※5	休日※6	平日※5	休日※6	平日※9	休日※10	
1	道央自動車道	深川～旭川鷹栖	JR北海道函館本線※7	滝川駅～旭川駅	—	—	−10	−14	−10	−18	×
2	深川留萌自動車道	深川西～深川JCT									○
3	道東自動車道	音更帯広～池田	JR北海道根室本線※8	帯広駅～釧路駅	—	—	−6	2	−8	−4	×
4	道東自動車道	追分町～夕張	JR北海道石勝線	南千歳駅～トマム駅	—	—	−10	−3	−4	3	×
5	日高自動車道	苫小牧東～沼ノ端西							−18	—	×
6	青森自動車道	青森中央～青森JCT							16	—	○
7	八戸自動車道	一戸～九戸							9	23	○
8	秋田外環状道路	秋田北～昭和男鹿半島							−9	−19	×
9	日本海東北自動車道	岩城～秋田空港									○
10	湯沢横手道路	十文字～横手									○
11	東北中央自動車道	山形上山～山形中央									○
12	米沢南陽道路	米沢北～南陽高畠									○
13	釜石自動車道	東和～花巻空港									○
14	山形自動車道	庄内空港～酒田							−2	10	×
15	山形自動車道	西川～月山							−5	10	×
16	日本海東北自動車道	聖籠新発田～中条							−11	—	×
17	東水戸道路	水戸大洗～ひたちなか									○
18	八王子バイパス	鑓水～片倉									○
19	新湘南バイパス	藤沢～茅ヶ崎中央									○
20	西湘バイパス	橘～国府津									○
21	箱根新道	須雲川～芦ノ湖大観									○
22	中央自動車道	都留～河口湖							7	2	○
23	中部横断自動車道	増穂～南アルプス									○
24	西富士道路	広見～小泉									○
25	安房峠道路	中ノ湯～平湯							25		○
26	伊勢自動車道	津～久居	近鉄日本鉄道山田線	松阪駅～伊勢市駅	—	—	−1	2	17		×
27	舞鶴若狭自動車道	舞鶴東～大飯高浜	北近畿タンゴ鉄道※1	福知山駅～宮津駅	−1	−11	1	−10	49	−22	×
28	京都丹波道路	篠～亀岡									○
29	安来道路	安来～東出雲							−10		×
30	山陰自動車道	宍道～松江玉造	一畑電車※4	電鉄出雲市駅～松江しんじ湖温泉駅・川跡	8	5	—	—	−9	−9	×
31	岡山自動車道	岡山総社～賀陽							−22	38	×
32	江津道路	江津～江津西									○
33	広島県道路	呉～天応東									○
34	松山自動車道	伊予～内子五十崎	JR四国予讃線	松山駅～宇和島駅	—	—	−5	−3	−13		×
35	松山自動車道	西予宇和～大洲北只	JR四国予讃線	松山駅～宇和島駅	—	—	−5	−3			○
36	高知自動車道	土佐PAスマート～須崎東	JR四国土讃線	高知駅～窪川駅	—	—	−6	−1	13		×

第2節　無料化の影響（全体）　　119

番号	実験代表区間名		並行する鉄道		鉄道（%）				高速バス（%）		評価
					普通＋特急（断面）		特急のみ（断面）				公共交通基準
					平日※5	休日※6	平日※5	休日※6	平日※9	休日※10	
37	八木山バイパス	篠栗～筑穂	JR九州筑豊本線篠栗線※1	吉塚駅～新飯塚駅	−3	6	5	−2			×
38	椎田道路	築城～椎田									○
39	日出バイパス	速見～日出	JR九州日豊本線※2	宇佐駅～別府駅	−4	−5	−2	−5	1	—	×
40	東九州自動車道	津久見～佐伯									○
41	延岡南道路	延岡南～門川	JR九州日豊本線	南延岡駅～宮崎駅	2	−10	−5	−14			×
42	東九州自動車道	西都～宮崎西	JR九州日豊本線	南延岡駅～宮崎駅	2	−10	−5	−14			×
43	隼人道路	隼人東～隼人西									○
44	大分自動車道	日出JCT～速見	JR九州日豊本線※2	宇佐駅～別府駅	−4	−5	−2	−5	2	—	×
45	大分自動車道	大分光吉～大分米良	JR九州日豊本線※3	大分駅～幸崎駅	2	2	−3	−13			×
46	武雄佐世保道路	佐世保大塔～佐世保三川内	JR九州佐世保線	肥前山口駅～佐世保駅			—	−11	−2	6	×
47	長崎バイパス	間の瀬～川平							−13		×
48	八代日奈久道路	八代南～日奈久									○
49	鹿児島道路	美山～伊集院	JR九州鹿児島本線	川内駅～鹿児島中央駅	−1	−5	—	—			×
50	沖縄自動車道	宜野座～金武									○

注1：公共交通基準においては，並行する鉄道，高速路線バスで，減少があれば「×」，なければ「○」として評価している。

注2：鉄道，高速バスともに，無料化区間に並行する鉄道，高速バスの利用実績の対前年増減率（%）のデータである。

注3：「—」の箇所はデータがない。

注4：データにおいては雨の日も要素として記載されている。天候要因がどの程度あるのか見極めるためにも，長期的に動向を追う必要がある。

※1　平日において大雨による運休等によりデータに不備があるため，金曜日のみで比較。

※2　平日：平成21年6月30日（火）において大雨による列車の運休があったため，火曜日を除いた平均で比較。休日：平成22年7月3日（土）の測定に不備があるため，日曜日の数値で比較。

※3　平日：平成21年6月30日（火），平成22年6月30日（水）において大雨による列車の運休があったため，火曜日および水曜日を除いた平均で比較。

※4　同区間の輸送人員の合計。

※5　平日：前年は6/29～7/3，実験中は6/28～7/2。

※6　休日：前年は7/4，7/5，実験中は7/3，7/4。

※7　ここでは函館本線を載せたが，宗谷本線のデータもあり，「特急のみ」の平日が5%減，休日が4%減である。

※8　ここでは帯広駅～釧路駅間を載せたが，新得駅～帯広駅間のデータもあり，「特急のみ」の平日が8%減，休日が6%減である。

※9　平日：前年は6/21～6/23，実験中は6/28～6/30。

※10　休日：前年は6/26，6/27，実験中は7/3，7/4。

出典：国土交通省（2010b）「高速道路無料化社会実験区間に並行する主な鉄道の利用実績」国土交通省（2010c）「高速道路無料化社会実験区間に並行する主な高速バスの利用実績」より作成（http://www.mlit.go.jp/common/000121605.pdf）。

120　　　　　　　　　　　第4章　高速道路の無料化

一般道の渋滞は減少する，というプラスの側面がみられた一方で，新たな渋滞や公共交通へのマイナスの影響もみられた。

　そこで，個々の路線について，無料化の影響を下記のように評価した。**表4-2** には高速道路無料化社会実験区間の渋滞発生状況を，**表4-3** に高速道路無料化社会実験区間に並行する公共交通への影響を表示した。渋滞発生基準においては1ヶ所でも渋滞が発生した区間に，公共交通基準においては1ヶ所でも減少がみられる区間にそれぞれ「×」が記されている。渋滞発生基準で「×」の区間は32区間，公共交通基準で「×」の区間は24区間ある。渋滞発生基準と公共交通基準のいずれかで「×」がついている区間は，全50区間のうち76%の38区間に上る。このように無料化によって，マイナス面に大きな影響が出ることが明らかとなった。

　渋滞が起きるということは，供給量に比べて需要量が多いということであり，そのように混雑する場合には混雑課金をすることが効率性の観点からは求められる。もともと有料だったところを無料化したことによって混雑を引き起こしてしまうのは非常に問題である。

　また，交通モードのイコールフッティングの観点からは，政策的に道路を優遇することによって他の交通機関に悪影響を及ぼすことは問題である。こうした考え方からマイナス面を取り上げた。もちろんこの評価手法では区間ごとの影響程度の重みづけがなされていないという問題点がある。また，政策評価はマイナス面のみならずプラス面と合わせて比較衡量されるべきである。

2.3　公式統計・発表による把握

　公式統計・発表により無料化実験の影響を把握できるものは，鉄道とフェリーについてであり，以下でみる。

2.3.1　鉄道

　鉄道の旅客輸送量（国土交通省2010d）は，2009年の対前年度比で，旅客数量が1%のマイナス，旅客人キロが3%のマイナスであった。また，JR以外の鉄道が数量・人キロともに1%のマイナスであるところ，JRは数量が2%のマイナス，人キロが4%のマイナスであった。

公式発表としては，2010年3月5日に，JR7社が連名で，国土交通大臣に対して「高速道路の無料化及び上限料金制度について（要望）」とする要望書を提出している。その中では，「休日普通車上限1,000円施策」によるJR旅客6社の年間の減収額が250億円と推計され，その転換率をもとにした上限料金制度による減収額はさらにその2倍程度に膨らむこと，また，JR貨物の上限料金制度による減収額は少なくとも20億円となることが示されている。

2.3.2 フェリー

フェリーをめぐる状況は，公共交通の中でももっとも厳しい。日本旅客船協会によると，2009年3月から，2010年8月までに，廃止を決めたフェリー航路数は，4社5航路で，フェリー会社の廃業が現実のものとなっている（表4-4）。

これら以外にも，防予汽船株式会社（航路：山口県柳井市—愛媛県松山市）は2009年10月に民事再生法を申請し，2010年9月に瀬戸内海汽船に事業譲渡を行った。また，四国フェリー株式会社および宇高国道フェリー株式会社（航路：岡山県玉野市—香川県高松市）は，結果的には減便などの整理合理化により当面は航路を存続する予定となったが，2010年3月に航路廃止届出を行っている。また，伊勢湾フェリー株式会社（航路：三重県鳥羽市—愛知県田原市）は，2010年9月をもって航路廃止という申請を行っている（8月末には地元自治体が支援を表明し，申請は取り下げられた）。さらに，明石淡路フェリー株式会社（航路：兵庫県明石市—兵庫県淡路島市）は，2012年6月に航路廃止届出，2013年3月に会社清算された。

フェリー会社の経営について，一色昭造氏（石崎汽船株式会社代表取締役社長）は，「3割利用者が減った上に，いずれは「無料化」では，事業としての

表4-4　廃止フェリー航路数

日付	会社名	航路
2009年 3月31日	津国汽船	岡山県玉野市—香川県高松市
2009年 4月30日	竹原波方間自動車航送船組合	広島県竹原市—愛媛県今治市
2009年 6月30日	呉・松山フェリー株式会社	岡山県呉市—愛媛県松山市
2009年11月30日	三原観光汽船	広島県三原市—広島県尾道市（航路2本）

将来展望が開けません」「将来恒久的に無料化すると言われてしまうと，経営を維持していったとしても将来展望が描けません。そのような経緯から，同業者が次々に廃業しました。存続した事業者でも，将来が今より悪くなるなら船の新造は控えようという経営判断をせざるを得ないため，船の老朽化が進みました」と述べている（一色 2014: 42）。

第3節　他の交通機関への無料化の影響

3.1　他の交通機関への影響に関する把握の仕方
　まず，高速道路無料化による他の交通機関への影響について示す。無料化実施に際して国土交通省では，実験開始後の影響分析を行っている。他の交通機関の状況については，国土交通省（2011b）において，1週間の結果として，鉄道・高速バスへの影響が取り上げられている。このことから，各事業者は線区・期間ごとにデータを有していることが分かる。これらのデータを元に下記の2つの分析を行うことが可能である。この2つの分析について説明し，データのあるものについては，実際に分析を行う。

3.2　分析1：経年的なトレンドの把握
　鉄道・高速道路・一般道・高速バスについて，経年的なトレンドと比較することにより，値下げのタイミングに応じての増減の状況を把握することが可能である。第4章3.4では高速道路[6]と一般道[7]を例にグラフを作成した。グラフの表示は下記のとおりである。

- 無料化期間は 2010 年 6 月 28 日から 2011 年 6 月 19 日であるので，ここで記述する「無料化期間」は 2010 年 7 月から 2011 年 5 月までとする（グラフの折れ線を太線で表示）。

---

6)　高速道路調査会（各月版）「高速道路統計月報」『高速道路と自動車』における区間別交通量。

7)　一般道路の断面輸送量データは，国土交通省道路局企画課道路経済調査室に提供いただいた。北海道・四国・九州を対象に依頼したところ，上記3区間（国道12号，国道38号，国道35号）のデータが得られた。

- 「無料化終了後」は 2011 年 6 月から 2012 年 7 月までとする。
- グラフの上段は，2008 年 4 月値＝100 として年度ごとに比較をする。

$$A 比（2008 年 4 月基準）＝その時点の値／2008 年 4 月値×100$$

- グラフの下段は，2008 年 4 月〜2009 年 3 月値の同月対比（2008 年度同月対比）とする。

これにより，季節変動の影響が除去できる。文中では「B 比」と記述する。

$$B 比（2008 年度各月基準）＝その時点の値／2008 年の該当月の値×100$$

影響の現れ方については，実験中のみならず，ロックイン（lock-in）の観点からは実験後でみる必要がある。ロックインとは，コストがかかるために新しいシステムに移れない状態のことを指す。ここでのコストには金銭的なもののみならず，心理的な負担なども含まれる。ここで意味しているロックイン効果について例を表すと，これまで鉄道を利用していたものの，高速道路の無料化によって高速道路の便利さに目覚め，無料化終了後も鉄道利用には戻らず，高速道路を利用し続ける状態を指す。

高速道路の料金が有料→無料→有料となったときに，他交通機関の利用が一律に戻るのか，一部戻らないのか，すべて戻らないのか，戻るとしても遅れが生じるのか，といった点について比較を行うことが可能である。

3.3　分析 2：各交通機関の需要関数推定

高速道路の無料化の影響を定量的に把握するためには，需要関数の推定により，需要に影響することが予想されるデータを考慮した上で，イベント発生時期における需要の変化を推定することが考えられる。例えば鉄道を例にすると，鉄道の需要は大きく分けて，鉄道利用の価格（運賃）[8]，経済活動の状況（産業の活動水準や所得等），他の交通機関の利用コスト，地域性（マイカーへの依存度）に依存する形で決まると想定される。

8）　需要の動向によって鉄道の価格が決まっているわけではないので，供給量は所与として扱うことができる。

124   第4章　高速道路の無料化

　鉄道利用の価格としては特急運賃を，経済活動の変数としては有効求人倍率
や現金給与総額を，道路利用としては高速道路料金（無料化政策ダミー）や自
動車運転にかかるコスト（ガソリン価格）を，地域性（マイカーへの依存度）
としては，1人当たり自動車保有台数を用いることが考えられる。この推定モ
デルで需要関数のパネル推定を行うことが考えられる（〈式4-1〉）。

$$\ln D_{it} = \alpha_0 + \alpha_1 \ln P_{it} + \alpha_2 \ln E_{it}^1 + \alpha_3 \ln E_{it}^2 + \alpha_4 \ln Pother_{it}$$
$$+ \alpha_5 \ln Tiiki_{it} + \alpha_6 D\_hambo_{it} + \alpha_7 D\_muryoka_{it} + \varepsilon_{it} \qquad 〈式4-1〉$$

　ここで，D_{it}：鉄道断面輸送量，P_{it}：特急運賃，E_{it}^1：有効求人倍率，E_{it}^2：現
金給与総額，$Pother_{it}$：ガソリン価格，$Tiiki_{it}$：1人当たり自動車保有台数，$D\_$
$hambo_{it}$：繁忙期ダミー（繁忙期は1，それ以外は0），$D\_muryoka_{it}$：無料化ダ
ミー（2010年7月～2011年5月の期間は1，それ以外は0）。

3.4　経年的なトレンドの結果
　ここでは，分析1の考え方について，一般道と高速道路のデータをもとに分
析を行う。

3.4.1　深川～旭川鷹栖（道央自動車道）
　深川～旭川鷹栖間における高速道路は無料化の影響を大きく受けて，無料化
期間（2010年7月～2011年5月）に，B比（2008年度各月基準）で平均136.2%
ポイント増となった（図4-1）。ピーク時にはA比（2008年4月基準）で2010
年8月に3.8倍，B比2010年12月に2.6倍となっている。しかしながら，無
料化終了後は2009年水準の利用に戻った。
　一般道は，無料化期間B比で平均33.7%ポイント減と利用が落ちるが，無
料化終了後は2008年水準を平均3%ポイント減と下回る程度に利用が戻る。
この間高速道路利用が伸びており，無料化期間は当然のこととして，無料化終
了後も一般道から高速道路への転換があったものと考えられる。

3.4.2　音更帯広～池田（道東自動車道）
　音更帯広～池田間における高速道路は無料化の影響を大きく受けて，B比で

第3節　他の交通機関への無料化の影響　　　125

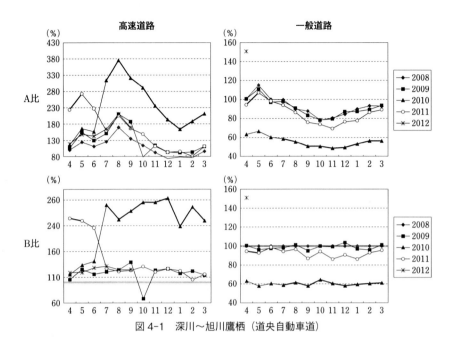

図4-1　深川～旭川鷹栖（道央自動車道）

平均333.3％ポイント増となった（図4-2）。ピーク時にはA比で2010年8月に6.8倍，B比で2011年2月に4.8倍となっている。無料化終了後は2009年水準を上回り，B比で1.8倍利用されている。

道東道は2009年10月24日にトマム～占冠が開通，そして残りの夕張～占冠も2011年10月29日に開通し，その結果千歳恵庭ＪＣＴと浦幌ＩＣ間が高速道路で結ばれた。そのため2011年10月以降の利用の伸びは，道東道全通による影響とみられる。

一般道では，無料化期間は平均3.1％ポイント減と利用が落ちている。無料化終了後も若干の利用は戻るものの，2.0％ポイント減と引き続き落ちており，無料化終了後も一般道から高速道路への転換があったものと考えられる。

3.4.3　佐世保大塔～佐世保三川内（武雄佐世保道路）

佐世保大塔～佐世保三川内間における高速道路は無料化の影響で，B比平均128.2％ポイント増の大きな影響を受けている（図4-3）。ピーク時にはA比で

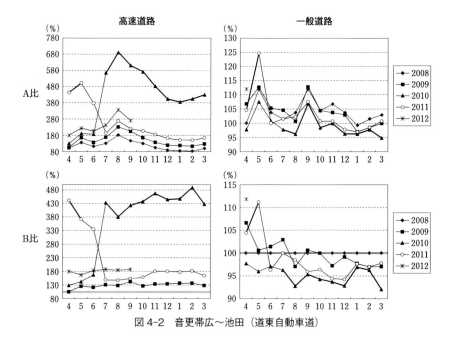

図 4-2　音更帯広～池田（道東自動車道）

2010年8月に2.4倍，B比で2010年9月および2011年2月に2.4倍となっている。無料化終了後も2009年水準を上回り，B比平均1.4倍から1.6倍で利用されるようになっている。

一般道については，無料化期間はB比平均30.1%ポイント減と利用が落ちる。無料化終了後はB比平均21.8%ポイント減と引き続き利用が落ちており，無料化終了後も一般道から高速道路への転換があったものと考えられる。

3.4.4　経年的なトレンドの小括

高速道路の無料化により，高速道路利用は大幅に増大し，一般道利用は減少となった。また，無料化終了後は，一般道は無料化以前の水準に戻ろうとするものの，引き続き減少となっており，そのうちのある程度は一般道から高速道路への転換が起きているロックイン効果によるものと考えられる。影響の現れ方には地域的な差が大きく，高速道路の新規整備があると，その影響も受ける。

第3節 他の交通機関への無料化の影響　　127

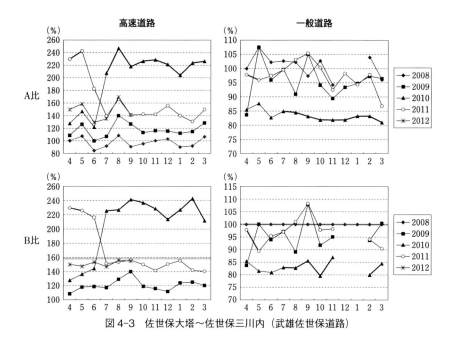

図4-3　佐世保大塔〜佐世保三川内（武雄佐世保道路）

3.5　第3節のまとめ

　高速道路の無料化や割引には税金が投入されていることから，政策実施の効果を検証することが必要である。そのため，データを元に他の交通機関への影響を把握した。

　まず，他の交通機関へ与えた影響について，トレンドとの比較によって影響分析を行った。これによれば，無料化期間中，高速道路の利用は大幅に伸び，一般道からの利用の転換がみられる。また，無料化終了後にどのような経過を経て他交通機関の交通行動が元へ戻っていくのか，というロックイン効果の観点について分析を行うことが可能である。一般道についてみると，無料化終了後も一般道の利用が一部戻らず，一般道から高速道路へのロックインが起きたと考えられる。基本的に無料化終了後も高速道路利用は基準年に比べて増加している。つまり，高速道路利用に慣れた利用者が，高速道路を利用し続けている，ということがわかる。

　このように，無料化政策とは，高速道路の側からみれば，無料化実施前を上

回る利用が続いており，利用促進に資した政策であったといえよう。しかしながら，代替する交通機関に対しては，無料化期間にも，また，無料化終了後にも大幅にマイナスの影響を及ぼす政策であった。

小括

　高速道路を対象に経済学的な分析を行ってきた。「市場メカニズムを通じて社会的余剰の最大化をはかるという経済学の原理に照らして，現状をどう評価するか」という観点からは，高速道路の料金体系の変化を振り返り，それに伴う影響について分析を行ったところ，高速道路の料金変更によって公共交通への影響があったことが示された。そもそも交通市場では，自動車以外にも，バス，鉄道，航空，海運などの多様な交通機関によって，交通サービスの提供が行われている。各々がその距離帯によって料金を設定しており，東京から岡山までは新幹線の方が有利，東京から広島までは飛行機の方が有利となるなど，利用者がさまざまな交通モードを，コストと時間を含めて選択している。

　高速道路という特定のモードを税金による割引で優遇することは，一定のバランスのうえに成り立っていた交通体系に歪みを生じさせることにつながる。

　交通社会資本は初期投資が大きく，その費用を長期的に回収することによって成り立っている。ある時点で政府の政策として高速道路の料金割引が導入され，それによって利用減となった公共交通が事業を廃止した場合，その後に政策転換がなされて料金が元の水準に戻ったとしても，失われた公共交通を再び構築することが困難であることが示された。ある特定の交通モードを税金によって優遇した場合に，別のモードへの影響がどこまで許容されるか，慎重な検討が必要である。

　「人口減少・低成長下にはどのような形の公的関与（規制や財政支援など）のあり方が望ましいか」という観点からは，高速道路を巡る政策の変遷によって，これまでの一律料金からの転換の可能性が示されたことは重要であると思われる。現在の高速道路料金は対距離課金になっているが，その料金水準は全国一律の基準に基づいて決定されており，路線・区間ごとの利用状況など地域の状況を反映した料金設定になっていない。この点について，道路の効率的な

利用を促すという考え方からは需要の価格弾力性に基づく料金設定が導かれる。つまり，需要が少ない路線では料金を引き下げることが望ましい可能性がある。しかしながら，価格弾力性のみに基づいて料金を設定するのではなく，社会的費用を考慮した政策的な料金設定が求められる。

例えば，高い高速道路料金を避けた車両が一般道を通行すれば，一般道の混雑と沿道環境悪化を引き起こすことにつながる。一般道が混雑している一方，高速道路は混雑していないような地域であれば，交通調整の観点から理論上は一般道に料金を課す方向性になるが，その代替策として，高速道路の料金を割り引くことが考えられる。

逆に，一般道も高速道路も混雑しているような地域では，私的トリップ費用に混雑料金を課して社会的限界費用に基づく料金設定をし，交通需要管理を行うべきである。そしてその財源収入を，混雑緩和のための道路整備に充てることや，道路環境改善を促す公共交通整備を行うことが求められる。

この考え方は，全国一律の料金体系ということから離れて，現行の料金水準を基本としつつ，地域の状況に応じた弾力的な料金設定を行うということを意味する。つまり，実際の交通量が交通容量よりも下回る場合には料金の引き下げ（割引）を，上回る場合には料金の引き上げ（割増）を行うことになる。より具体的にいえば，高速道路と並行する一般道が混雑している一方，高速道路容量に余裕がある場合には，高速道路料金を引き下げることが適切であり，混雑している場合には，引き上げる方向が望ましいということになる。そのような政策が供給者目線ではない，利用者目線に立った交通政策である。

2014年11月28日開催の第17回国土幹線道路部会（国土幹線道路部会2014）においては，均一料金区間を含む首都圏ネットワーク全体において，料金水準などを統一し，対距離制を基本とした共通料金を目指すことが検討されており，対距離で負担を求めることについては本書の主張と合致している。さらに，大都市圏においては，経路の自由な選択を実現するという観点から，同一発着地点間での料金を揃えることを基本とすることも提案されており，ネットワーク全体の最適化の観点からの料金設定が重要であることが指摘されている。これを受けて，首都高では2016年4月から，近畿圏の高速道路では2017年6月から対距離制が導入された。

本書ではネットワーク全体の最適化の観点からは特段述べてはいないが，今後はこうした点も考慮して料金のあり方を考えていくことが重要である。第4章1.7でもみたように2013年以降の料金制度のあり方を議論する国土幹線道路部会においては，データや理論に基づき，極めて科学的な議論がなされており，これからの料金設定の議論の展開が期待される。

第5章　鉄道の災害リスク

　第4章では，民営化によって誕生した高速道路会社3社が上下分離の経営を行う中で，上物会社の料金変更に対して政治が介入し，利用者視点が欠落する状況を分析対象とした。第5章では，利用可能性に関する分析として，上下一体で鉄道の整備運営がなされているからこそ起こる，リスクファイナンスの問題に着目していきたい。

　例えば，高速道路の場合は，大規模災害によって復旧が必要で，その被害規模が甚大[1]なものである場合には，日本高速道路保有・債務返済機構経由での支援がありうる。一方で，鉄道会社の多くは上下一体で整備運営がなされていることから，下物である線路が被災した場合，上物として運営を担う鉄道会社が災害復旧費用を負担する必要がある。そのため，事業者は災害リスクに備えるために，保険加入などのリスクファイナンス行動をとっている。もちろん，後述するように，災害復旧補助制度も存在する。もし費用負担ができず，廃線することになってしまうと，その地域の利用者へ及ぼす影響は計り知れない。利用者のみならず，その地域への利用可能性を有している人たち，地域に住む人たちもそうであるし，その地域を訪れてみたいと思う人々もアクセス手段が絶たれることによってアクセス機会を失うことになる。交通機関の中で，鉄道においてのみ，被災した際に廃線が議論となってしまう。他の交通機関では税金により手厚く助成がなされている中，鉄道のみが独立採算といった観点で議論が行われてしまうからである。こうした利用可能性についての事例分析を行っていく。

　まずは，「市場メカニズムを通じて社会的余剰の最大化をはかるという経済学の原理に照らして，現状をどう評価するか」という観点からの分析を行う。

---

1)　高速道路会社は激甚災害の嵩上げも阪神特例もなされていないが，甚大な被害である場合には機構経由での支援がありうる（内田・平田・松野・尹・末吉 2009: 68，表-1）。

第1節では，鉄道の災害復旧の経緯について概説する。鉄道支援制度においては，補助率の変更の経緯を詳しく述べる。第2節では，鉄道事業者に実施したアンケートの内容と結果の概要について解説する。第3節では，個別企業の行動に焦点を当て，事業者アンケートをもとに計量分析を行い，各事業者がリスクをどの程度認識しているのか，その認識がリスクファイナンスにどのように結びついているのか，結びつかないとすればその理由は何なのかを分析する。鉄道の運行が停止するほどの自然災害は，発生確率が低い一方，被害の規模が大きい。このように自然災害の発生確率が少なく，経験的確率と理論的確率が一致する大数の法則が働かない以上，事業者のリスクファイナンスにのみ期待を寄せるのは困難である。事業者のリスクファイナンスに加えて，公的な助成制度を適切に組み合わせることによって早期復旧をはかることが必要である。最後にこうした問題意識のもと，「人口減少・低成長下にはどのような形の公的関与（規制や財政支援など）のあり方が望ましいか」というリサーチクエスチョンに基づき，災害復旧補助制度の提案を行う。事業者がどういうモチベーションから保険行動を行っていて，どのような形で自然災害に対応しようとしているのか，そうした行動を踏まえて災害復旧補助制度をどのように改善すればよいのかについて検討する。

第1節　鉄道の災害復旧とは

1.1　鉄道の被災時の復旧

　交通事業者は自然災害のリスクにどのように対応すればよいのだろうか。自然災害が起きた場合には，その復旧費用をまかなうための補助制度が存在する。また，事業者は災害リスクに備えるために保険加入などのリスクファイナンス行動をとっている。リスクファイナンスとは，リスク発生時に速やかに復旧を行えるよう，金銭的な備えを行うことである。しかし，2005年の台風14号の被害により事業継続が困難となった宮崎県の高千穂鉄道のように被害規模が甚大だった場合，復旧が困難である。

　交通施設には外部性がある。鉄道でも道路でも，その施設があることによって他の交通施設の混雑を緩和する便益や，交通施設があることによる開発の利

益といった外部性がある。そのため，交通施設の早期復旧を果たすことによって地域経済の復旧・復興の原動力となる。よって，復旧の重要性，外部性があればあるほど，自己資金で賄えない場合は公的負担による復旧が期待される。しかしながら復旧に際して容易に公的負担が得られることが前提となれば，事業者は本来のリスク負担を免れることになり，場合によってはリスクに対する事前の備えを十分に行わないという形でモラルハザードが生じてしまうおそれがある。

　内田・平田・松野・尹・末吉（2009a）においては，交通インフラ別に災害復旧負担補助制度の比較が行われている。そこでは，港湾・道路（自治体管理）においては，公共土木施設災害復旧事業費国庫負担法（災害負担法）によって，工事費に応じて工事費の2/3〜全額の国の負担がなされる。また，空港（自治体管理）においても，空港法によって8/10の国の負担がなされる。それに比べて鉄道は鉄道軌道整備法により，1/4の負担しかなされない（第5章1.2において解説）。インフラを公共が負担するか民間が所有するか，という観点からこうした負担・補助率の違いが生じていると思われるが，利用者視点に立てば，誰が所有しているのかにかかわらず，交通モードに対して同程度の災害復旧を望むものであると思われる。そこで，この負担の大きさの観点から鉄道に焦点をあてた分析を本書では行う。

1.2　鉄道災害復旧の概要と経緯

　鉄道が被災した場合の復旧費の確保については，事業者が任意で加入する土木構造物保険などの他に，鉄道軌道整備法に基づく公的な支援措置がある。鉄道軌道整備法には「鉄道事業者がその資力のみによっては当該災害復旧事業を施行することが著しく困難であると認めるときは，予算の範囲内で，当該災害復旧事業に要する費用の一部を補助することができる」（第8条第4項）との規定があり，復旧費用に対して国から1/4，関係地方公共団体から1/4の補助がなされることとなっている。しかしながら，復旧にかかる費用の半分は事業者の自己負担であり，このため，こうした制度があっても，宮崎県の高千穂鉄道では，2005年の台風14号によって生じた被害額26億円の被害のうち，公的な支援と保険金で賄うことのできなかった9億円の自己負担に耐えられず廃線

134　　　第 5 章　鉄道の災害リスク

表 5-1　阪神・淡路大震災における被害状況と補助金の受け取り状況，財務状況

（単位：億円）

事業者名	復旧に要する費用	補助金受け取り	鉄軌道業		営業損益計	当期損益	純資産	総資産	自己資本比率
			営業収入	営業損益	営業損益				
阪急電鉄	440	×	1,015	248	463	−485	1,311	11,484	11%
阪神電鉄	570	○	271	224	47	216	1,074	3,692	29%
神戸電鉄	80	○	104	12	18	8	127	1,038	12%
神戸市交通局	60	○	193	3	−11	33	2,807	3,403	82%
神戸高速鉄道	200	○	48	42	6	−1	8	579	1%
神戸新交通	40	○	57	5	7	1	29	359	8%
山陽電気鉄道	50	○	145	121	24	10	215	794	27%
大阪市交通局	20	○	1,566	1,210	356	210	13,323	14,445	92%
北大阪急行・北神急行電鉄	10	×	48	6	10	5	57	200	28%
JR 東海	40	×	12,522	4,100	4,128	1,540	8,819	49,813	18%
JR 西日本	1,020	×	8,594	974	1,098	451	5,524	22,229	25%
JR 貨物	20	○	1,517	−42	38	10	460	3,542	13%
合計	2,550								

注：北大阪急行・北神急行電鉄の項では北大阪急行電鉄のデータを記載。
出典：運輸省（1995）『運輸経済年次報告』，国土交通省鉄道局（2009）『平成十九年度　鉄道統計年報』より作成。

に至った。

　この補助制度の対象は，被災年度の前 3 ヶ年度が営業損失または経常欠損となっているなど収益状況の厳しい事業者に限られている。つまり，JR 本州 3 社などは対象外になるということである。また，対象となる被災の規模は復旧費が当該路線の運輸収入の 1 割以上となる災害が対象である。もっとも，1995 年の阪神・淡路大震災のような甚大な被害があれば，事業者の経営基盤（被災による鉄道の運営費・復旧費が，鉄道の収益によって賄うことができるかどうかで判断される）に関する補助要件の緩和がなされている（特例法ではなく鉄道軌道整備法施行規則の改正で対応）。阪神・淡路大震災における被害状況と補助金の受け取り状況，財務状況は表 5-1 のとおりである。JR 西日本・JR 東海・阪急電鉄・北大阪急行は，復旧費用を自己負担で賄っており，事業費の 1/2 について開銀融資（貸付利率 3.85%）を受けていた（運輸省 1995）。

　東日本大震災では，77 路線が被害を受け，2015 年 1 月現在も 6 路線が不通である。これら不通区間に関して，被災後 6 ヶ月を経てようやく復旧の方針が

表 5-2　鉄道の災害復旧における国の補助率

			補助率		
			本則	阪神・淡路大震災	東日本大震災
事業者の経営基盤	弱い		1/4	1/4	1/4
	強い	被害額に比較してその利益額が微小であると認められる場合	0	1/4	1/4
		上記以外			0

注：東日本大震災については，国土交通省（2012b）「鉄道軌道整備法施行規則の一部を改正する省令案　新旧対象条文」2012 年 3 月 8 日．による．

示された（東日本大震災復興対策本部 2011（2011 年 8 月 26 日発表））。この復旧方針に基づく公的支援については，復旧費用の 1/4 の補助率となる。

　東日本大震災において甚大な被害を受けた三陸鉄道をきっかけとして，上下分離方式による新しい支援の考え方が生まれた。すなわち，下物である土木構造物について自治体が保有し，運営について引き続き事業者が行う上下分離方式を採用し，自治体が被災した施設を復旧の上保有した場合，国が支援するというものである。この方式によって三陸鉄道ならびに信楽高原鉄道（2013 年 9 月の台風 18 号により被災し運休していた）は復旧を果たした。

　鉄道の災害復旧における国の補助率は，被害の規模に応じて**表 5-2** のようにまとめられる。本制度の本則では，被災した赤字事業者に対して 1/4 の補助が定められており，地域や鉄道事業者の状況に応じた弾力的な対応ができない。このため，被害規模が大きく復旧費を自己資金で賄うことのできない，そして上下分離方式による支援方法も確立していない中で高千穂鉄道は廃業したのである。甚大な被害の場合には，施行規則の改正によって経営基盤要件が緩和され，経営基盤が強い事業者でも場合によって補助金支給を受けるものと受けないものがあるといったことが起きている[2]。

　このように，被災時の事業者に対する補助は，発生した災害の甚大さや事業者の経営基盤の強さによって異なるため，被災の程度や事業者の経営状況によっては，被災を機に赤字路線を廃止する可能性も出てくる。このような場合に路線の廃止を回避しようとすると，沿線の自治体の地元負担が過重なものとな

---

2)　東日本大震災で黒字基調であった臨海鉄道に対しては支援されるが，JR 東日本については，黒字基調のため補助対象外とされた。

ってしまう恐れがあることから，復旧費を事業者と国と地方自治体でどのように分担することが望ましいかを考えることが必要であり，そのためにはまず自然災害に対する鉄道事業者の対応について適切に把握することが必要になる。上下分離方式による災害復旧のあり方については道が開けているが，上下一体で運営を行う中では補助の方法が確立されていないと考える。以下では，こうした点を踏まえて鉄道事業者のリスクファイナンス行動と鉄道施設に対する災害復旧補助制度のあり方について検討したい。

第2節　アンケートの内容と結果の概要

2.1　アンケートの内容

　運輸政策研究機構において，リスクファイナンスの実施状況の把握を目的としてアンケート調査が実施されている。対象は鉄道・空港・港湾の交通運営事業者である。このうち，鉄道事業者としては，普通鉄道事業者，モノレール事業者，新交通システム事業者，（独立行政法人）鉄道建設・運輸施設整備支援機構（以下「鉄道・運輸機構」と略記）を対象とした。実施時期は2008年9月～10月である。郵送・手渡しによりアンケートを配布した。鉄道のアンケートの配布数は175，回収数84，回収率48％である。質問項目は，リスクマネジメントの必要性と具体的方策の実施状況・リスクファイナンス実施状況・公的補助の問題点と過去の被災経験からなる[3]。

2.2　付保状況の概要

　本節では先のアンケートにおいて回答のあった84の鉄道事業者を対象に，保険の加入状況（付保状況）についての行動分析を行う。事業者の規模別[4]にみた場合の，風水害に対する付保状況は**表5-3**の通りである[5]。JR・三セク鉄

---

[3]　質問項目と回答の詳細な内容と調査結果の分析については，筆者も共同研究者として執筆した内田・平田・松野・尹・末吉（2009）を参照されたい。

[4]　大手民鉄，地方鉄道の区分は『鉄道統計年報』に従う。地方鉄道のうち，第三セクター鉄道等協議会に加入している事業者は，三セク鉄道として分類した。

[5]　アンケートでは，保険に加入していれば○を付す形で設問が設計されていたが，集計時点で○が付されていないものが非付保なのか未回答であるのか判別がつかなかったため，非付保と未回答

第2節　アンケートの内容と結果の概要　　137

表5-3　風水害に対する付保状況

		JR・三セク鉄道・交通局・鉄道運輸機構	大手民鉄	地方鉄道	全体	第3種鉄道事業	運輸事業が赤字
実数	付保	24	9	24	57	2	29
	非付保・未回答	4	4	19	27	4	11
割合	付保	85.7%	69.2%	55.8%	67.9%	33.3%	72.5%
	非付保・未回答	14.3%	30.8%	44.2%	32.1%	66.7%	27.5%
計		28	13	43	84	6	40
オッズ比		—	1.078	0.306		0.209	1.506
P値		—	0.908	0.016		0.060	0.385

道・交通局・鉄道・運輸機構については，事業者数が少なく，個別に記載すると各社の付保状況が明らかとなるため，個別の事業者の状況を秘匿するために合計の数値を示している。

　これによると，風水害に対しては，全体として67.9%が付保していることがわかる。大手民鉄では69.2%の付保状況であるものの，地方鉄道では55.8%とその付保状況は低い。

　全体における付保状況をみたオッズ比（ある事象が起こる確率を2つの群（この場合は付保する群と付保しない群）で比較した比率であり，2つの群の確率をそれぞれ p, q とすると，オッズ比は $(p/(1-p))/(q/(1-q))=(p(1-q))/((1-p)q)$ となる）でみると，大手民鉄については，1.08倍であるが，地方鉄道は0.31倍と非常に低い。自然災害においては，もともと資金力の乏しい地方鉄道の事業継続性が最も問題となるわけで，地方鉄道の付保の向上が求められる。さらに，第3種鉄道事業（鉄道施設の保有者）についてもそのオッズ比をみてみると，0.21倍となっている。第3種鉄道事業者は，自らは運送を行わず，その収入のほとんどを線路・駅施設などの鉄道施設の貸付料によっている。施設が被災すれば収入源はまったくなくなるわけで，こうした事業者はリスク管理の観点からも，積極的に付保を検討した方がよいように思われる。さらに興味深いことに，運輸事業（鉄軌道業の営業損益）が赤字である事業者の

───────────
の区別なく集計されている。この点に留意が必要である。

138 　第5章　鉄道の災害リスク

オッズ比は 1.51 倍となっている。運輸事業が赤字である事業者が，かえって積極的に付保している様子がみられる。

　一方で，地震については付保している事業者が 7，非付保・未回答が 77 となっており，地震の付保率は 8.3% と非常に低い[6]。これらのデータから得られる情報をもとに，次節では付保行動に関する仮説を立て，それを実証してみることにしよう。

第3節　仮説とモデルの説明

3.1　付保行動を決定する要因

　付保などのリスクファイナンス行動をとるのは，風水害などの自然災害によって土木構造物に損害が発生した場合に復旧費用をまかなうためである。つまり，付保は事業継続をする意思の現れということになる。となれば付保しない事業者は，自己負担による復旧が可能であると思っているか，いざというときには廃止してしまってもよいと考えている可能性がある。

　これらをまとめるとリスクファイナンスは，災害などによって損害が生じるリスクを主体間・時点間で分散させる保険の役割を果たすものであり，その保険料は，現在の利用者の負担や，株主への配当減で賄われる。災害後に保険が下りれば，将来の利用者や株主・債権者が便益を受ける。また，生じたかもしれない公的負担も減少する。保険は掛け捨てであり，災害が起きなければ現在の利用者や株主・債権者は保険金分の損をする。リスクファイナンスをしないことは，現在の利用者や株主の得となるが，ひとたび災害が起きれば将来の利用者負担，ひいては公的負担が増えることになる。

　アンケートでは，風水害と地震に対するリスクファイナンスの手段として，保険，積立金，金融機関借入・債券発行，増資，CATBOND（大災害債券の発行），自社による再保険会社の設立，コミットメントライン，国および自治体からの支援などについて質問を行っている。しかしながら，十分な回答を確保できたのは，そのうち表5-3にあるとおり，風水害に対する保険のみであっ

---

6)　地震についても調査の性質上，個別事業者のデータを秘匿しなくてはならないという制約があることから，クロス集計表は作成していない。

た。よってここでは，風水害に対する付保行動について仮説の検討を行う。

3.2 付保行動についての検討

　保険需要を決定する要因として，先行研究でも言及しているとおり，被保険者の所得（収益）が一般的な要因である。また，保険料や災害リスクが要因として考慮されている。保険料データは入手困難なこと，路線長における災害リスクの判定が困難[7]であることから，本研究では一般的な保険需要を規定する要因として所得（収益）の要因を取り上げることとし，具体的には各事業者の営業収入をコントロール変数とすることにする。また，経営体力である資産規模や自己資本比率もコントロール変数とする。さらに，鉄道事業者特有の要因として関連事業と鉄道事業との兼ね合いや，公共出資比率などを扱う。仮説は以下のとおりである。

仮説1．保有資産の大きい事業者ほど付保する

　保有資産が大きければ大きいほど，例えば距離的に非常に長い鉄道路線を有することによって，災害リスクに遭遇する確率は高くなると思われる。保有資産を表す指標として営業キロを用いる。

仮説2．経営規模が大きければ付保する

　経営体力はフローベースとストックベースに分けて考えることができる。フローベースにおいて経営に関する規模の経済が働くことで保険料を賄うことができるから，経営規模が大きくなるほど付保する確率が高くなるという仮説が考えられる。ここでは，フローベース（損益計算書）における経営体力を表す変数として営業収入（営業キロ当たり）を用いる。

仮説3．ストック面での経営体力の大きな事業者は付保する

　仮説2と同様のことはストック面での経営体力についてもいえる。ここでは貸借対照表上の経営体力を確認する。ストックベースにおける経営体力を表す

---

7)　本来であれば，路線長のうち，よりリスクの高い個所に集中的に保険をかけるといった付保の仕方がありうるが，そうした行動は考慮できていない。

変数として自己資本比率を用いる。

仮説 4. 鉄道事業がその会社の事業全体に占める比重が低い事業者は付保しない

　鉄道事業がその会社の事業全体に占める比重が低い事業者の場合には，被災によって鉄道事業の継続が困難になった場合に，そのことが会社の経営に与えるリスクが相対的に低いため，付保に積極的でなくなる可能性がある。バス事業や観光事業などの関連事業の大きな会社はこのケースに相当する可能性がある。この仮説を検証するための具体的な変数として，営業収入に占める鉄道以外の関連事業収入額の比率を用いる。

仮説 5. 政府・自治体支援が高い事業者は付保しない

　出資において政府・自治体の出資比率が高い事業者は，被災時などの緊急時に自治体支援をあおぐことができる。場合によっては，これがモラルハザードをもたらして，緊急時における自力での資金確保の必要性を想定しない可能性がある。このような可能性を考慮するため，ここでは事業者と政府・自治体との関係の強さを示す変数として公共部門の出資比率を用いる。ここでは公共出資比率として『鉄道要覧』の「鉄道・軌道事業者の主な株主一覧表」にある，上位 5 社程度の主な株主のうち，公共部門である政府・自治体の比率を用いることとした。また，鉄道・運輸機構による出資も，公共部門による出資という整理をしている。これにより，上位 5 位程度の出資者による，公共部門の出資比率が示される。

仮説 6. 前もって被害を想定することが付保行動に結びつく

　平常時に，自然災害の発生による被災を想定すると，被害額の大きさから資金需要の必要性を感じることになる。そのため，前もって付保を行おうとする行動に結びつく。アンケートでは「台風・洪水などの自然災害（大地震を除く）の被害額を想定したことはありますか？」という設問を設けており，その回答をもとに，被害額を想定していれば 1，していない場合は 0 のダミー変数を用いる。

仮説 7. 過去の被災経験から学ぶ

　過去に被災した経験を持つ事業者は，その後の付保行動をとりやすい。アンケートでは過去の被災経験の有無について質問しているので，その回答をもとに，被災経験があれば 1，ない場合は 0 のダミー変数を用いる。

　上記 1〜7 までの仮説に加え，東京が本社である事業者は，東京のみならず，関東一円や全国的な路線網を有する事業者も含まれていることから，特殊性を考慮して東京ダミー（本社が東京ならば 1，それ以外は 0）を加えている。

3.3　モデルと説明変数

　上記の仮説に基づき，付保行動をモデル化する。風水害の保険に対して付保する場合を 1，付保しない場合を 0 とし，二項選択モデルを考える。説明変数は，営業キロ（鉄道＋軌道），運輸収入，自己資本比率，関連事業収入比率，公共出資比率，被害額想定の有無ダミー，被災経験，東京ダミーである。回答のあった 84 鉄道事業者を対象に，推定は最尤法によるロジスティック回帰分

表 5-4　説明変数の概要と記述統計量

変数	単位	備考	平均	標準偏差	出所
営業キロ	km	鉄道＋軌道	271.42	1049.12	『鉄道要覧』
営業収入（営業キロ当たり）	10 億円／km	営業収入（営業損益計）／営業キロ（鉄道＋軌道）	0.41	0.57	『鉄道統計年報』
自己資本比率	％	純資産／総資産	30.41	36.68	『鉄道統計年報』
関連事業収入比率	％	関連事業収入額／営業収入（営業損益計）	15.62	28.67	『鉄道統計年報』
公共出資比率	％	上位 5 位程度の公共部門による出資比率	30.55	35.62	『鉄道要覧』
被害額想定の有無		ある＝1，ない＝0	0.15	0.36	アンケート回答
被災経験		経験あり＝1，なし＝0	0.57	0.50	アンケート回答
東京ダミー		東京＝1，それ以外＝0	0.12	0.33	『鉄道要覧』

注：鉄道・運輸機構のデータは個別に入手。
出典：国土交通省鉄道局（2009）『平成十九年度　鉄道統計年報』，国土交通省鉄道局（2007）『平成十九年度鉄道要覧』より作成。

142 第5章 鉄道の災害リスク

表 5-5 説明変数相互間の相関

	営業キロ	営業収入 (営業キロ 当たり)	関連事業 収入比率	自己資本 比率	公共出資 比率	被害額想 定の有無	被災経験	東京 ダミー
営業キロ	1.000							
営業収入 (営業キ ロ当たり)	−0.030	1.000						
関連事業 収入比率	0.033	0.313	1.000					
自己資本 比率	−0.035	−0.111	0.119	1.000				
公共出資 比率	−0.051	−0.059	−0.207	0.067	1.000			
被害額想 定の有無	0.079	−0.121	−0.083	−0.015	−0.137	1.000		
被災経験	0.102	0.047	−0.024	−0.044	−0.188	0.278	1.000	
東京ダミー	0.218	0.415	−0.191	−0.118	−0.004	0.057	0.087	1.000

析で〈式5-1〉のとおり行っている。推定に使用する説明変数の概要と記述統計を**表5-4**に表した。**表5-5**に示すとおり，説明変数相互間の相関は低い。

$$\text{logit}[P(x)] = \alpha + \beta_1 x_1 + \beta_2 x_2 + \cdots \beta_p x_p \qquad \langle 式5\text{-}1\rangle$$

3.4 分析結果

表5-6にはロジスティック回帰分析による結果を表示した。以下，それぞれの仮説ごとに推定結果をみていくことにしよう[8]。

鉄道事業者のみならず，一般的な付保の要因として想定される，「保有資産の大きい事業者ほど付保する」（仮説1），「フロー面・ストック面の経営体力の大きな事業者ほど付保する」（仮説2，3）についての係数は有意で，符号は正であり，経営規模の大きさに関する仮説は支持される。

次に鉄道事業者特有の要因について述べる。まず，「鉄道事業がその会社の事業全体に占める比重が低い事業者は付保しない」（仮説4）であるが，係数は

---

8) 営業収入（営業キロ当たり）の代わりに，運輸収入（営業キロ当たり）の変数も加えたが，定性的に変化はなかった。それ以外の変数についての代理変数は見当たらない。

表 5-6　ロジスティック回帰分析による結果

変数	モデル 1			モデル 2		
	符号	オッズ比	P 値	符号	オッズ比	P 値
営業キロ	＋	1.010	0.070	＋	1.011	0.049
営業収入（営業キロ当たり）	＋	4.595	0.022	＋	4.851	0.017
自己資本比率	＋	1.019	0.054	＋	1.019	0.055
関連事業収入比率	－	0.981	0.101	－	0.981	0.099
公共出資比率	＋	1.020	0.051	＋	1.018	0.062
被害額想定の有無	＋	44.014	0.023	＋	45.232	0.017
被災経験	＋	1.549	0.498			
東京ダミー	－	0.004	0.003	－	0.004	0.003
Pseudo R2		0.322			0.317	

モデル 1 では有意でないが，モデル 2 では 10％ 有意水準で有意に負である。鉄道事業がその会社の事業全体に占める比重が低い事業者の場合には，被災によって鉄道事業の継続が困難になった場合に，そのことが会社の経営に与えるリスクが相対的に低いため，付保に積極的でなくなる傾向があるのかもしれない。

　「自治体の関与の程度」（仮説 5）については，公共出資比率の係数はモデル1，2 ともに 10％ 有意水準では有意に正である。自治体の関与が強い事業者は，被災した場合に自治体からの支援を受けられると考えて付保をしない傾向があるのではないかという予想については，ここでの推定結果をみる限り支持されない。

　「前もって被害を想定することが付保行動に結びつくのか」（仮説 6）については，被害額想定の有無の係数はモデル 1，2 ともに 5％ 有意水準で有意に正である。モデル 2 からはオッズ比も 45 倍とたいへん大きい[9]。前もって被害を想定することはその後の付保につながるということがわかる。

　「過去の被災経験から学ぶのか」（仮説 7）については，被災経験の係数はモデル 1 において正であるが，係数が有意ではないため，モデル 2 でははずしている。また，ここでは示していないが，阪神・淡路大震災による被災経験についてもダミー変数として入れてみたが，有意な結果は得られなかった。過去の

───────────
9）　他の変数と比べて係数が大きい理由は，被害額想定の有無と付保のオッズ比が 6.1 倍と高いことによる。

被災経験は付保行動に影響を及ぼしていない。

小括

「市場メカニズムを通じて社会的余剰の最大化をはかるという経済学の原理に照らして，現状をどう評価するか」という観点から鉄道のリスクファイナンスに関する分析を行った。分析結果からは，保有資産の大きい事業者ほど，また，フロー面・ストック面での経営体力のある事業者ほど，付保する確率が高いことが示された。一方で，関連事業収入比率の高い事業者は付保に消極的な側面があることも明らかとなった。また，自治体の関与が強い事業者は，被災した場合に自治体に援助を受けられると考えて付保をしない傾向があるのではないか，という予想は支持されない。前もって被災を想定すると付保行動に結びつきやすい。過去の被災経験は付保に影響を及ぼさない。「人口減少・低成長下にはどのような形の公的関与（規制や財政支援など）のあり方が望ましいか」という観点については，利用可能性を確保し，代替路線が確保できない場合における補助制度の提案を行いたい。

上下一体方式における補助制度の提案

代替路線が確保できず，上下一体方式による鉄道の復旧が必要と認められる場合には，

- 赤字の線区に対しては，被害規模に応じて弾力的に，1/4〜限りなく全額の補助率で補助を行う。ただし，一定割合は事業者負担を設ける
- 黒字の線区に対しては，被害規模に応じて本則と同率の1/4の補助を行う
- 付保している事業者にのみ補助を行うことで，事業者の付保行動を促す

沿線住民の高齢化や人口減少などにより，自家用車など他の代替的な輸送手段の確保が困難であったり，鉄道の復旧によって地域経済にプラスの効果（純便益）があると判断される場合には，公的負担によって鉄道の復旧を行うことが適当である。当該線区が赤字であった場合には，被害規模に応じて弾力的に，1/4〜限りなく全額の補助率を設定してはどうだろうか。運輸事業が赤字であ

っても付保して被災時の資金需要に応えようとしている場合もある（**表5-3**）のだから，そうした事業者の取り組みを補助制度によって評価するとよいのではないだろうか。補助の要件として付保状況を考慮することによって，民間事業者の付保行動を促す，ということである。補助の要件に付保状況を考慮することで，平常時において地域と鉄道の存続可能性について議論をするきっかけとなることが期待される。さらに，被害規模に対して一定割合の事業者負担を課すことで，過大な投資を行わない効果も求められる。

　一方で，黒字の線区に対しては，被害規模に応じて本則と同率の1/4の補助を行う。赤字と黒字を区別する理由は，できるだけ事業者による路線維持を求めたいからである。黒字の線区に対しても補助を行うことをどのように考えればよいのだろうか。被害を受けて不通になった線区がその線区の全線において採算性の低い路線であった場合に，もし補助がなければ事業者の経営が黒字であっても経営判断としてそのような線区を廃止するという意思決定がなされる可能性が出てくる。民営事業である以上，黒字線区の収益で採算性の低い線区の復旧を内部補助することを事業者に対して強制することはできないので，採算性を考慮して補助をするという制度設計はできないということになる。現在の補助率は事業者の経営基盤によって補助率が変わるが，事業者に対して災害復旧のための内部補助を求めないという原則を貫くのであれば，線区の収支状況によって補助率を変えることが妥当となる。

　赤字線区に対して補助が行われることが前もってわかると，事業者の経営改善インセンティブは働かなくなるのだろうか。災害復旧補助をあてにして経営の非効率を招いている事業者を排除することはできないかもしれない。しかし，補助の要件として付保状況を考慮することで，そうでなければ付保をしなかった事業者が付保をするようになることは期待でき，その分だけの効率性が改善するものと思われる。

　補助制度を適切な形で定めることによって民間事業者の付保行動も変化してくると思われる。交通サービスの確保は公正の観点からも地域活性化のために不可欠であり，民間事業者によるさらなる主体的なリスクファイナンスや公的支援の組み合わせによって，災害復旧が迅速に行われることを期待したい。

第6章　地域交通の活性化

　第3章から第5章までの事例分析から，利用者視点に立脚した地域交通の活性化のポイントを整理したい。

　第3章の事例分析からは，価格メカニズムを取り入れることが重要ということが導かれた。多くの交通サービスの場合は，利用者が増えても限界費用はそれほど高まらないことになってしまうため，利用者の費用負担は少ないものとなっていくだろう。そのため，費用を回収するという視点に立つのではなく，需要に応じた料金設定によって利用を促すことが必要となっていく。

　ただし，そのような価格設定では，第4章でみたように，インフラの維持更新費用も賄えなくなる。そのため，維持し続けるインフラについての取捨選択が必要となるであろう。その地域において残すべきインフラとはどれかについて検討を行っていくことが必要である。

　一方で，交通機関には利用可能性の側面もある。第5章のリスクファイナンスに関する分析からも導かれたように，利用可能性に配慮することが必要である。

　また，第2章でみたように，民間の創意工夫をいかす，技術革新を導入するということも重要である。こうした知見を踏まえて，本章では，第5章に続いてアクセスの確保は公正の観点から重要なものであるという利用者視点に立った地域交通の活性化について考えたい。

　まずは，「市場メカニズムを通じて社会的余剰の最大化を図るという経済学の原理に照らして，現状をどう評価するか」という観点からの分析を行う。第1節では，地域交通の現状を確認し，公共交通を支援するための法改正の推移を解説する。第2節では，スマホアプリ技術を活用した京丹後のUBERの事例を紹介する。第3節では，京丹後で行われている鉄道の上下分離とまちづくりの事例を紹介する。そうした新しい事例紹介を踏まえつつ，「人口減少・低

成長下にはどのような形の公的関与（規制や財政支援など）のあり方が望ましいか」という観点から，第4節では地域の交通の課題を提示し，その課題への対応の仕方を検討する。

第1節　地域交通の現状と地域交通を支える政策の経緯

地方では，人口減少や高齢化，過疎化，自動車社会の進展によって，鉄道，バス，タクシーといった公共交通の利用が減少している。鉄道の輸送人員の減少傾向は国土交通省（2011e）に示されており，1997年から2009年までで約19%減少している（国土交通省 2011e: 37）。バスの減少傾向について図6-1に示した。これによると，2000年度を基準に，2008年度には三大都市圏で約1割，その他地域で約2割の輸送人員が減少している。タクシーの減少傾向については，図3-2に示した。

このような状況では，公共交通サービスを提供しても需要が少なく，採算が合わず，公共交通サービスの維持が困難となってしまう。鉄道については2000年度から2009年度までで，全国で33路線，634.6kmの鉄軌道が廃止された（国土交通省 2011e: 38）。これは東京駅・八戸駅間の東北新幹線営業キロが631.9kmであることから，それに匹敵する規模であると国土交通省（2011e）で述べられている。バスについては，バス事業者の倒産，路線廃止が相次ぎ，2006年度から2009年度にかけて，毎年2000km程度のバス路線が廃止された（国土交通省 2011e: 34）。東京・石垣島間の距離が約1,957kmであることから，それに匹敵する規模であると国土交通省（2011e）で述べられている。

タクシーの規制緩和は2002年に行われたが，バス，鉄道においても規制緩和が行われた。まず，貸切バスにおいて2000年2月に，乗合バスにおいて2002年2月に改正道路運送法が施行された。タクシーと同様，乗合バスにおいても需給調整規制がなくなり，路線の参入は免許から許可へとなった。また，退出に至っては，許可から6ヶ月前の事前届け出と手続きが簡素化された。鉄道においては2000年3月に改正鉄道事業法が施行された。参入は免許から許可となり，退出は許可から1年前の事前届け出と手続きが簡素化された。

バス事業，鉄道事業ともに独立採算を基本として経営されていることから，

第 1 節　地域交通の現状と地域交通を支える政策の経緯

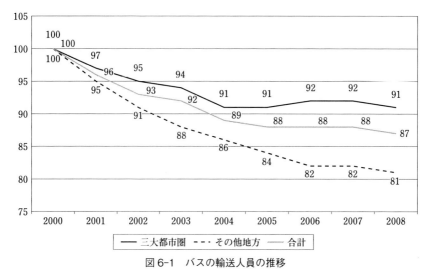

図 6-1　バスの輸送人員の推移

出典：国土交通省（2011e: 33）。

不採算路線からの撤退が相次いだ。

こうした状況を受けて，地域の公共交通を守っていくため，地域公共交通を支えるためのさまざまな支援制度が創設された。この内容について説明していく。

2006 年道路運送法改正によって，コミュニティバス・乗合タクシー等の普及促進，市町村バスや NPO によるボランティア有償運送などの自家用有償旅客運送制度の創設がなされた（詳細については松野（2017）を参照）。また，地域公共交通会議が設置され，地域における公共交通について議論する場がもうけられた。

2007 年 10 月には地域公共交通の活性化及び再生に関する法律（地域公共交通活性化・再生法）が施行され，2008 年度予算で「地域公共交通活性化・再生総合事業」が創設された。これによって，鉄道・コミュニティバス・乗合タクシー・旅客船等の多様な事業を推進する協議会に対して支援が行われることとなった。市町村が作成する総合連携計画に位置づけられたものに対して，3 年間を限度に国から補助がなされる。

2013 年 12 月には交通の基本理念を定めた「交通政策基本法」が施行された。

150 第6章 地域交通の活性化

地域経済の活性化，地域の活力の向上を目的として，交通の施策の推進を目指
している。

交通政策基本法の理念を実現するために，2014年11月に地域公共交通活性
化再生法が改正された。市町村が地域協議会を開催し，地域公共交通網形成計
画を作成することとなった。コンパクトシティの実現に向けたまちづくりとの
連携をはかることや，地域全体を見渡した面的な公共交通ネットワークの再構
築を行うことが重視されている。

これまでにみた地域公共交通を支援するための制度を受けて，地域でどのよ
うな取り組みが行われているのかについて本章で検討していく。

第2節　京丹後で始まった自家用有償運送の取り組み

2.1　京丹後における自家用有償運送

本節では，地域における新しい交通サービスの新展開について紹介する[1]。
京丹後では，2016年4月からUBERを導入した自家用有償運送を行っている。
これは，第6章第1節でみた，2006年度創設の自家用有償旅客運送制度を活
用したものである。すなわち，道路運送法第78条第2号に基づく「公共交通
空白地有償運送」を活用したもので，通称「ささえ合い交通」と呼ばれている。
スマホアプリをダウンロードして起動させれば，観光客を含むだれでもこの交
通を利用することができる。料金はタクシーの半額程度であるので，とても利
用しやすいものとなっている。

2.2　自家用有償運送の導入の経緯

(1) 京丹後市の概要

京丹後市は2004年4月に丹後町を含む丹後6町の合併により誕生した。人
口は57,198人，面積は501.46km²で非常に広い自治体である（2016年4月30

---

1)　ここでの記述はヒアリングと以下の資料に基づくものである。
　　ヒアリング：①NPO法人『気張る！　ふるさと丹後町』，安全運行管理者（専務理事）東和彦
氏。②「ささえ合い交通」の運転手2名。③京丹後市役所企画政策部企画制作課公共交通係係長
野木秀康氏。資料：NPO法人『気張る！　ふるさと丹後町』，理事長　村上正宏，安全運行管理者
（専務理事）東和彦（2016）「ささえ合い交通について」。

日）。また，高齢化率は京丹後市で31.4%のところ，丹後町においては36.85％となっており（2015年4月30日），非常に高齢化の進んでいるところである。また，丹後町は久美浜町とともに過疎地域指定がなされている。

(2) 丹後町における交通の状況

丹後町は面積が非常に広く高齢化率も高い地域であるため，公共交通が成り立たず，2008年10月には丹後町の民間タクシー会社の営業所が廃止（撤退）した。そこで，2014年7月14日から市営のデマンドバスが運行することとなり，市からの運行委託事業が「NPO法人　気張る！　ふるさと丹後町」[2]へなされ，「公共交通空白地区の解消」に向けての取り組みが実施されることとなった。

このデマンドバスは，路線バス（民営バス）との競合を避けるため，運行は支線道路に限られていた。そのため，丹後町を2つに分けた路線が設定され，丹後町内の2つのエリアをまたいでの移動ができなかった。また，隔日利用のため，予約に際しては前日17時までに予約を入れなくてはならない，という高齢者にとっては非常に利用のハードルが高いものであった。そして，配車計画は，地理と住人の実情を把握している同法人専務理事の東和彦氏しか作成することができないという難しい問題を抱えていた。

(3)「ささえ合い交通」の概要

そうしたデマンドバスの不便を改善すべく，2016年5月26日に導入されたのが，「ささえ合い交通」である。料金は最初の1.5kmまでが480円，以遠は120円/kmとなっている。この水準は，地域公共交通会議[3]において，通常のタクシー利用の半額程度ということを想定して設定された。毎日8時から20時までの利用であるので，かつてのデマンドバスと比べて格段に利用しや

---

2)　2008年12月17日に，まちづくり協議会より市長へなされた「提言」に基づく。市からの委託事業は，丹後町を活性化することを目的として，地域住民自身による還暦式や婚活などのイベントの実施などである。

3)　これまでも全国各地において自家用有償旅客運送は行われていたが，制度化されたのは2006年の道路運送法改正による。市町村運営有償運送を行う際には市町村が主宰する地域公共交通会議における合意が必要である。

すい。

　UBER のスマホアプリで即時配車依頼ができるので，その地域を初めて訪れた観光客でも簡単に呼び出しができて非常に利便性が高い。

　ただし，利用に際しては発地・着地に制限があり，乗車は京丹後市丹後町，降車は京丹後市全域である。丹後町でしか呼び出しができず，「行きはよいよい，帰りは……」ということになっている。また，丹後町外での旅客の追加乗車も認められていない。丹後町を出発して，例えば丹後町外の駅で別の人を乗車させて目的地まで行く，ということは認められていない。こうした制限内容も地域公共交通会議における決定事項である。

　ささえ合い交通の仕組みを説明する。NPO 法人が有償運送の申請を行い，国土交通大臣の登録がなされる。そして，UBER JAPAN（株）（以下 Uber）に対して，運行管理システム・自動決済システム等に対するシステム使用手数料を支払い，そのシステムサービスを受ける。そして有償運送の「ささえ合い交通」というコミュニティビジネスに対して京丹後市から応援補助を受け，実績報告を行う。

　登録運転手の 18 人は，国土交通省大臣認定講習会を受講することによって安全の確保が担保されている。運転手の中には第二種運転免許を取得している者もいる。運行管理者を置き，安全面への対応を行っている。

　保険については 1 次的保険として，対人保険は無制限，対物は 200 万円以上の損害賠償となっている[4]。そして 2 次的保険として，NPO 活動に対する保険として，車両保険以外へのリスクに対応した保険内容となっている。例えば高齢者を車両へ誘導する際の事故などに対応することができる。

　車両には登録番号の車両掲示がなされている。車内には運転者証が掲示され，安全面へ対応していることが示される。また，車内にはドライブレコーダーが設置されており，乗客・運転手双方の安全に配慮がなされていることがわかる。

---

4)　2012 年 4 月 29 日関越自動車道高速ツアーバス事故当時は，損害賠償能力として，対人 8,000 万円，対物 200 万円以上の任意保険の加入が定められていた。ツアーバス事故を受けて，貸切バスについては 2013 年 12 月以降，対人保険を無制限とする許可基準の告示が行われた（2013 年 10 月 31 日公布）。タクシーについては変更がない（平成 17 年国土交通省告示第 503 号）が，貸切バスの基準強化に合わせた内容となっている。

(4)「ささえ合い交通」の利用の仕方

　スマホアプリの Uber の操作は，「乗車場所を設定する」，「目的地を設定する」（地図上でピンを合わせる）そして「依頼する」ボタンを押すというものであり，わずか3操作で済ませることができる。地図画面上には近くに待機している車両が表示され，その車両が何分で到着するかがわかるとともに，その到着状況が地図上に示される。乗車中の画面では，目的地にあと何分で着くか，どういうルートを通っているかがわかる。決済は登録のクレジットカードで行われ，小銭の心配をする必要がない。1円単位で課金されており，対距離課金で納得感がある。決済後は運転者の評価をする画面が現れるので，5段階で評価し，また，マナーや社内のきれいさなどについて気づきの点があれば，それを入力することもできる。評価は運転手側も利用者に対して行っており，お互いの評価が今後「ささえ合い交通」を利用する際の目安となっていく。利用終了後に，その領収書がメールで届く。利用距離，乗車料金，利用経路のわかる地図，運転手名，乗車・降車時間が記載されており，非常に明瞭である。これまでの乗車履歴も画面上ですぐに確認することができ，どういう行程で利用をしてきたのかがよくわかる。一度利用をすれば，驚くほどの便利さに魅了される。

(5) 導入後の課題

　ICT を使いこなすことができる人にとっては何ということはないが，ICT を使いなれない人たち，主に高齢者にとっては非常に苦労するものであるようだ。東氏の認識している課題は以下のとおりである「①いかにして ICT を普及させるか，②クレジットカード決済に対する高齢者の根強い不信感にどう対応するか，③帰りの足の確保にどう対応するか」。高齢者に ICT への理解とスマホやクレジットカードの普及を進めていくことが非常に重要である。

　また，帰りの足の確保という問題も非常に重要である。これは地域公共交通会議における合意事項である。地域公共交通会議には利用者代表も含まれているが，現在は利用者にとって不便な設定が行われている。利用範囲の拡大について，会議における合意を求めていく必要がある。

　導入3ヶ月目の利用状況についての運転手の回答は，「地域を何とかしよう

というボランティア精神で頑張っている」「忙しくて回らない，ということはない」というものであった。地域の利用が徐々に進んでいるようである。また，これまで待機車両がなくて対応できないことが1度だけあったそうだ。それ以降は，運転手が保有しているタブレットで，他の運転手の待機状態が地図上で確認できるため，待機車両が少なければ，非稼働の運転手が待機するよう，運転手の心掛けに依存しているとのことである。「ささえ合い交通」は，タクシー会社のように配車スケジュールを立てているわけではない。そのため，そうした事態は起こりうる。

2.3 ライドシェアのメリット

ここで改めてライドシェアのメリットを考えてみよう。第1に，自家用車を利用するということで，遊休資産を有効利用できる。新たに車両を購入する必要がないため，導入経費を抑えることができる。

第2に，第1の理由とも関係するが，瞬間的な需要変動に耐えることができる。つまり，オリンピックなどの一時的なイベントに対応ができる。突発的な需要増大が見込まれるものの，その後の利用を期待することができないときなどに，遊休資産で対応ができるため，無駄が発生する恐れがない。また，雨の日など自動車利用が見込めそうなときに一時的な供給で対応できることは，利用者の利便性に資することができる。

第3に，双方の評価システムにより，情報の非対称性を克服することができる。運転手のそのときの行動が，次の客探しにとってマイナスになることがわかっているならば，マイナスになるような行動をとるだろうか。評価の低い運転手は，利用者によって選ばれなくなる。こうして蓄積された評価によって運転手を選ぶことができるので，利用者は安心してこのサービスを利用することができる。同様に，利用者も運転手によって評価されるため，運転手の安全を確保することができる。評価の高い運転手を呼ぶ方が，道端で知らない運転手を止めるよりも信頼できるという考え方もある。海外でライドシェアが拡大しているのはこの理由による。

第4に，利用者が増えれば増えるほど，供給者が増えるので，そのことがさらなる利用拡大につながっていく。このようにして市場が拡大していくことは，

利用者・供給者双方にとって望ましいことである。しかも，現在のタクシー事業のように，行政と事業者側が供給量を決定するわけではなく，市場の自由な取引の中で需要と供給が決定される。

第5に，ICT技術の恩恵を十分に受けることができる。例えば，外国人でも言語の問題をクリアすることができる。Uberアプリは世界共通なので，京丹後でも，海外でも同じように利用することができる。出発地も目的地も設定されていて，カード決済されるので，その地域の言語がわからなくて一言も発する必要もなく利用することができる。また，GPS機能によって最短経路を利用するので，運転手が遠回りをした分を利用者に請求するということがない。タクシー利用の場合は，道を知らない運転手によって遠回りした分を利用者が負担するということが公然と行われている。

第6に，ライドシェアによって幹線交通機関までのアクセス・幹線交通機関から目的地までのイグレスがそれぞれ改善する。そのことは外出機会の拡大につながる。代替関係になる交通機関もあれば，補完関係になる交通機関もある，ということである。タクシーにとっては代替関係となるかもしれないが，利用者が外出しているのだから，タクシーを利用して補完関係になる可能性もある。宅配サービスに取って代わられることを心配するよりも，外出する人が増えることでタクシー利用者が増えることが期待できる。利用者にとっては利用者利便性の高い交通サービスが残るということである。

2.4 ライドシェアが信頼を獲得していくために

日本では海外で行われているようなライドシェアは道路運送法において認められていない。その主な理由として，安全面への不安が解消されていないことが挙げられる。ライドシェアの安全に関する情報が必要である。ライドシェアの導入も認めて，タクシー運転手とライドシェア運転手の事故率を比較してはどうだろうか。プロの運転手であってもタクシーの事故は起きる。第一種運転免許保持者で，これまで無事故の運転手が，ライドシェアを始めたことによって事故率が上がるようになるだろうか。確かに，乗車距離が伸びれば事故率も上がるのかもしれない。運転免許の違いによって事故率に違いがあるのか，乗車距離が伸びることによって事故が起きているのか，確認が必要である。

156　　　第6章　地域交通の活性化

高速ツアーバスの事故によって，安全への要求が高まっている。現在期待されているライドシェアの利用の多くは一般道路で，走行速度も低いことが想定される中で，今のタクシーやライドシェアに対する安全への要求水準は，高いものとなっているのではないだろうか。例えば，一定区域に限ってライドシェアに関する社会実験を行い，データを収集し，ライドシェアに対する安全性を確認してはどうだろうか。特区制度を活用することによって，安全水準を確認し，全国展開をするための足掛かりとしていくのである。自動運転技術の高まりも今後は想定されることであり，そのときの旅客運送のあり方を考えていく必要がある。

第3節　京丹後で行われている鉄道の上下分離とまちづくり

3.1　北近畿タンゴ鉄道の上下分離

本節では，北近畿タンゴ鉄道の上下分離の状況を確認しつつ，新しいまちづくりへの取り組みについて紹介する[5]。北近畿タンゴ鉄道は，京都府の一部（宮津市・舞鶴市・福知山市・京丹後市・与謝野町・伊根町）と兵庫県豊岡市に総延長 114 km を有する鉄道会社であった。

この沿線地域の人口は 1980 年に 40.9 万人であったが，2015 年には 34.2 万人と −16.4% と著しく減少した（京都丹後鉄道・WILLER TRAINS 2016）（全国では 8.5% の増加率（国勢調査 1980, 2015））。また，高齢化率も 1980 年に 13.6% であったが，2015 年には 32.0% と高齢化が進んでいる（京都丹後鉄道・WILLER TRAINS 2016）（全国では 1980 年に 9.10% が，2015 年に 26.6% となった（国勢調査 1980, 2015））。そして沿線地域の 1 人当たり自動車保有台数は，1992 年の 0.35 台から 2012 年には 0.56 台となっている（京都丹後鉄道・WILLER TRAINS 2016）。

こうした少子高齢化やモータリゼーションの進展といった影響を受け，鉄道

---

5)　ここでの記述はヒアリングと以下の資料に基づくものである。

　ヒアリング：WILLER TRAINS 株式会社　取締役管理本部長　布野剛氏。管理部総務人事課　丸山桂氏。実施日 2016 年 8 月 26 日。資料：京都丹後鉄道・WILLER TRAINS（2016）「WILLER TRAINS 会社概要」。

の利用者数は 1993 年に約 303 万人でピークを迎え，その後は著しい減少が続き，2013 年には約 186 万人と約 3 分の 2 まで減少した（京都丹後鉄道・WILLER TRAINS 2016）。

利用者数減少による経営の悪化から，経営の改善が模索されてきた。そして，2015 年 3 月 11 日に，北近畿タンゴ鉄道（宮津線・宮福線）鉄道事業再構築実施計画の国土交通大臣認定が行われた。その計画の内容とは，第一種鉄道事業者である北近畿タンゴ鉄道の上下分離である。下物については，従来の北近畿タンゴ鉄道が第三種鉄道事業者として鉄道施設・車両保有と鉄道用地保有を行い，上物については，新しい運営会社に運行を委託するという計画である。鉄道事業経営において負担の大きい下物を実質的には公有化し，上物の運行部分の運営に民間会社が専念することができるようになることがこの計画の狙いである。

この上物の運行会社を入札によって決定することとなり，2016 年 4 月 1 日から WILLER TRAINS 株式会社が第二種鉄道事業者として運行を担うことになった（第 2 章 9.2 参照）。

3.2 WILLER TRAINS 社の鉄道事業を通じた沿線地域の活性化

WILLER TRAINS 社が鉄道事業を通じて行っていく沿線地域の活性化とはどのようなものであろうか。具体的にその内容をみていきたい。もっとも大きな柱としては「高次元公共交通ネットワーク」の実現がある。その内容を紹介する。1 つには，鉄道を基軸とした交通ネットワーク構築がある。例えばバス停から駅までをストレスなく乗り換えられる仕組みの構築が提案されている。2 つに，沿線地域全体を網羅できるような公共交通の構築が目指されている。交通空白地帯であったとしても，タクシー，小型モビリティ[6]，バスなどさまざまな交通モードを活用することによって，沿線地域全体を網羅してネットワークを多層につくりあげていくことが考えられている。3 つに，生活に必要な施設を重点的にネットワーク構築することも考えられている。例えば集落から病院，商業施設，そして駅までの移動を一体的に考えるような移動が想定される。

6）　この小型モビリティは，自動運転車などが想定されている。

4つに，主要駅から移動距離に応じた最適な交通としてどのようなものが考えられるのかが検討されている。例えば，徒歩では少し遠いが，バスでは1時間に1本しかないので，その間を縫うような交通として，どのようなものがあるだろうか。タクシーなのか，カーシェアなのか，レンタバイクなのか，あるいは，もう少し簡素にレンタサイクルなのか，自動運転を行う小型モビリティなのか。交通モードの特性を踏まえて適切な交通の組み合わせをつくっていくことが考えられる。5つに，このような多様な交通モードをとりまとめるために，ICTを活用した利便性の高いサービス提供が提案されている。そのサービスとは，乗降・乗継の利便性向上や，利用者を会員化したコミュニケーション促進を図ったり，マーケティングデータを活用して新たな商品開発につなげたりすることが検討されている。6つに，沿線地域の交流人口を増やすような乗車券の造成が考えられている。すでに「丹後くろまつ号」「丹後あかまつ号」「丹後あおまつ号」などの企画列車が誕生している。「海の京都」を走るダイニングルームや，絶景ポイントで速度を落として運行することによって，海と山の風景を楽しむことができる観光列車が投入されている。こうした観光列車を活用しながら，さまざまな企画をつくっていくことが可能となる。

　それ以外にも地域を創生する若い人の働く場を創出すること，交通・まちづくりを担う人々の教育の場を Willer 社が創造することが検討されている。

3.3　WILLER TRAINS 社が提案している価値とは

　ここでは，WILLER TRAINS 社が提案している価値について検討してみたい。WILLER 社は鉄道事業の運営のみを行うわけではない，ということが非常に重要な点である。つまり，鉄道を軸として新たなまちづくりを行っていく，ということである。さまざまな交通モードの特性を生かしながら乗継利便性の改善を行っていくということである。鉄道からバスに乗り継ぐときに，その時刻表があらかじめ調整されていてスムーズに乗り換えることができれば移動のストレスは減る。自宅からの移動がさまざまなモードで自在に選択できるようになっていれば，高齢の運転手がもっと積極的に自動車を手放すことができるようになるだろう。送迎を手伝う，といった家族の手助けも軽減することができるようになる。

移動が便利にできるときには，供給主体である事業者の姿を意識する必要がなくなっているのではないだろうか。例えば，駅のホームを降りて，目的地へのバスがわかりやすい場所に停車していれば，そのバスを提供している事業者名などを気にする必要はなくなる。相互乗り入れが実現してからは，その列車をどこの鉄道会社が運行しているのかは気にならなくなってきた。カードの決済ができず，現金での決済が必要になると，事業者の存在が気になることになる。移動するときには集落や行政界を気にすることなく通り過ぎて行くことになるので，そうした行政界で区切ることには意味がない。本来の地域公共交通会議は，そのような自由な移動を実現することを目指す場になるはずである。そうした利用者主体の移動が確立されるための取り組みが求められる。移動が便利になることによって，人々の交流が活発に，さらに豊かなものになっていく。

第4節　課題の提示

地域交通を活性化するに際して，さまざまな課題が存在する。その課題の提示を行う。

4.1　既存事業者の反対

地域の交通を維持していくために，2014年の改正地域公共交通活性化再生法施行によって，市町村が地域協議会を開催し，地域公共交通網形成計画を作成していくことになった。しかしながら，こうした協議会には既存事業者の意見が通りやすく，新規事業者の意見は通りにくい構造になっている。例えば，京丹後の支え合い交通の事例では，発地・着地に制限があり，丹後町でしか利用の呼び出しができない。利用者の観点からすれば，こうした制限は不便なものである。しかし，地域の公共交通事業者を守るために，利用者にとっては不便なことが維持されてしまう。地域計画をつくる際には，その計画が地域の利用者の意向を反映したものになっているのかについて検討していく必要がある。

富山県南砺市ではUberによるライドシェア実験構想があったにもかかわらず，地元の業界団体の反対により，実験予算の撤回に至ってしまった（日本経

済新聞 2016b)。記事によれば，「南砺市やウーバー側はライドシェアについて既存の事業者が営業していない過疎地であれば，反対の声は上がりにくいと考えていた」とあり，既存事業者が営業していない地域であっても既存事業者の反対によって実現が困難となってしまうことが示されている（日本経済新聞 2016b）。事業者と利用者の意見調整をはかっていく必要がある。

4.2　地方交通線問題への対応

　地方における利用低迷の影響を受けて，地方交通線の維持が困難なものとなっている。赤字だから廃止をするという考え方は事業採算性の観点からは正しい。地方路線維持には膨大な費用が必要となる。交通に振り向けられる財源も限られている。

　利用可能性の観点からは，そこに鉄道があることによる価値をどう捉えるかということが重要となってくる。ネットワーク外部性の観点からは，つながっていることによって，当該路線のみならず，アクセスを担う他の事業者が恩恵を受けることになる。北海道新幹線が開業すれば，JR 東日本の東北本線が，九州新幹線が開業すれば JR 西日本の山陽新幹線の利用が増える。このようなネットワーク外部性を考慮すれば，地方で過少投資となってしまう部分については，都市部から地方へ資源配分することも考えられる。しかしながら，株式会社に費用負担を求めることは困難なことである。

　そこで上下分離によって費用負担する主体を増やすという方法が進展してきた。下物の線路・車両などのインフラを自治体が保有し，運営を鉄道会社が担う。鉄道会社がインフラの整備費用や維持管理を担う必要がなくなり，固定資産税負担からも解放されることになり，運営に専念できるようになる。鳥取県の若桜鉄道や，滋賀県の信楽高原鉄道などの第三セクター鉄道で行われている方式である。運営に専念できる京都丹後鉄道はさまざまな取り組みによって地域活性化をはかっている。一方で，自治体にとってはインフラの維持管理費として長期的に負担が増えることとなる。地域交通の維持によって人々が健康的に移動することができて，地域経済が改善し，地方交通の財源負担に耐えられるという姿が望ましい。

4.3 交通インフラの優先順位

　交通インフラについては，人口減少社会を見据えて需要に即した整備と維持更新を行っていくことが求められる。これまでのインフラは計画側からのアプローチで整備が行われてきた。あるいは過大な需要予測によって整備を行うことが正当化されてきた。しかしながら人口減少によって需要が頭打ちとなり，利用されない過大な交通インフラが地域に残されていく。交通インフラの整備・維持更新において優先順位をどのように考えていけばよいのだろうか。

　例えば都市間交通においては，すでに在来の鉄道ネットワーク，航空ネットワーク，高速道路が整備されているにもかかわらず，新たな新幹線が整備される。その路線だけを取り出して費用便益分析を行えば採算がとれるため，その事業は実施される。しかしながらその新幹線に乗客を奪われる航空路線など，在来の交通ネットワークはその維持が困難となっていく。

　新しいネットワークが生まれたときに，交通需要が補完的ではなく代替的になったときのことを考えていかなくてはならない。古いネットワークを維持し続けられるのか，国，地元，利用者がどのような負担をしていくのか。古いネットワークの維持が困難となって初めて，新しいネットワークは本当に必要だったのだろうか，という問いが地域にとって重要なものとなる。

　新しいもの，高速のもの，遠くから人を運んできてくれるもの，その期待感，高揚は地元の人たちを活気づける。新しいネットワークの到来を見越して商業・宿泊などさまざまな施設も立地される。そうした果実を地元は先に手にすることができるため，新しいネットワークの誘致を望む。新しいものを誘致した政治家はそのことを功績として票を集めることができる。利用者にとっては，利便性が増す。

　新しいネットワークの到来によって，その都市は都市間競争にさらされる。日帰り圏が拡大することで，支社の統廃合，地元百貨店の衰退，宿泊客の減少などが起きる。しかしこういった状況は，東京より魅力的なオンリーワンを持っている都市においてはまったく起こらないことである。その地域で固有の都市機能を有している都市は，新しいネットワークをさらなる発展の足掛かりにすることができる。

　その一方で，魅力的な比較優位を持っていない都市は，その都市機能が東京

にスプロールされ，地域経済に大きな打撃を受ける。東京から日帰りできるようになったことで，支店は閉鎖される。地元の百貨店を利用していた買い物客は東京で済ませてしまい，商業施設の品ぞろえはますます魅力の乏しいものとなり，空きテナントが増えてくる。特需で観光客が増えても，時間とともにいずれ減少していく。そこで営んでいる地域の人々にとって，地域経済の落ち込みは厳しい問題となる。地元が新しいネットワークの果実を手にする，それによって同様の問題が日本全国で繰り広げられていくことになる。利用者の利便性が増すこと，選択肢が増え，機会が増えること，地域経済の発展を望むことは自然の成り行きである。第2章8.3でもみたように，鉄道も航空もそのネットワークが発達しているからこそ，それぞれの分担率の利用が拮抗している。しかしながら人口が減少していくことが確実視され，インフラ整備が充実していく中で，地域独自のものをいかにつくり，残し，守っていくかを考える必要がある。

4.4　冗長性の考え方

　交通ネットワークの機能として，冗長性（リダンダンシー）という考え方がある。国土交通省（2003b）によると，「国土計画上では，自然災害等による障害発生時に，一部の区間の途絶や一部施設の破壊が全体の機能不全につながらないように，予め交通ネットワークやライフライン施設を多重化したり，予備の手段が用意されている様な性質を示す」という意味である。

　例えば，東海地震の発生を危惧してリニア中央新幹線が整備される予定である。国土交通省（2013c）によれば，「中央新幹線及び東海道新幹線による大動脈の二重系化をもたらし，東海地震など東海道新幹線の走行地域に存在する災害リスクへの備えとなる」とその意義が述べられている（国土交通省 2013c: 2）。

　これまで利用の少なかった花巻空港・山形空港は，東日本大震災において緊急物資輸送の拠点として極めて重要な役割を果たした（国土交通省 2014）。

　また，利用が少ない地方空港がインバウンドの受け皿となり，海外旅行者の増加に貢献しているという面もある。ただし海外旅行者の増減は為替や治安状況といった外部要因に影響を受けることが大きく，空港収入の安定的な財源とみなすことは厳しい。

交通インフラは供給側から整備される側面が非常に強い。そして冗長性という観点を重視すれば，地震列島，火山大国である日本ではいくらでも整備することができてしまう。東日本大震災のショックから国土強靭化という言葉は私たちの心を強く揺さぶり，投資を行うことが正当化される。しかしその言葉から整備を行ったとしても人口が減少している中で利用されなければ投資は無駄なものとなってしまう。利用料収入も得られなければ，その投資負担は将来世代のツケとなる。人口減少社会において冗長性をどの程度考慮することができるだろうか。

4.5　都市と交通の関係

　計画重視でインフラ整備が行われてきたことの理由に，交通インフラの整備によって都市の発展の性格が決定づけられるということもある。富山市では市長の強いリーダーシップのもと，LRT などの公共交通整備を軸として，コンパクトシティを目指している。それは公共交通の沿線に居住，商業，業務，文化等の都市の諸機能を集積させるというものである。ネーミングも「お団子と串」というユニークなもので，串とは一定水準以上のサービスレベルの公共交通を実現し，その串によって結ばれた徒歩圏をお団子と見立て，拠点集中型のコンパクトなまちづくりの実現を目指している（森 2014）。コンパクトに人々が住んでいれば公共サービスの提供をより効率的に行うことができ，人口減少社会においてコンパクトシティは極めて重要な都市戦略である。

　都市が交通を生かしまた，交通が都市を生かす。交通は人々，物資の往来を盛んにする。都市間交通網の整備が都市を都市間競争にさらし，都市が固有の機能を持たなければスプロール化してしまう。地域公共交通がなくなれば，その地域へ訪れる人の数は減る。外部の人の目にさらされなければその地域は廃れやすい。交通があって人々の往来があることによって，その地域の魅力が維持・増加していくことになる。人口減少社会においては，この交通の持つ意味が非常に重要となる。計画側からの視点も重視しつつ，交通網のより良いつくり方，使い方を模索していかなければならない。

小括

　地域交通は利用者減少に直面しており，その維持活性化が非常に困難である。「市場メカニズムを通じて社会的余剰の最大化を図るという経済学の原理に照らして，現状をどう評価するか」という観点から，地域交通維持に際してどのようなことを考慮していくべきかについてみた。地域交通の減少傾向を示し，そうした地域交通を支えるための制度を概観した。そして，地域交通を活性化するための事例を2つ紹介した。1つはスマホアプリを活用した自家用有償運送の取り組みである。1つは鉄道の上下分離によって，運行に専念できる鉄道事業者が地域活性化を行っている取り組みである。

　こうした事例や「人口減少・低成長下にはどのような形の公的関与（規制や財政支援など）のあり方が望ましいか」という観点からは，利用者視点に立った交通政策を実現するために，技術革新を取り入れること，民間の創意工夫を促すこと，地域交通を支える担い手を増やすこと，地域の利用者の意見を入れて交通政策を考えていくことが非常に重要であるということが示された。

　また，ライドシェアの安全性に関する懸念については，一定区域に限ってライドシェアに関する社会実験を行い，データを収集し，安全性を確認していくことについての政策提言を行った。特区制度を活用することによって，安全水準を確認し，全国展開をするための足掛かりとしていくことが期待される。

　最後に，地域交通を考える際にはさまざまな課題があるので，その課題を示した。解決策を示すことのできているものもあれば，課題の提示にとどまっているものもあるが，それについては今後の課題としたい。

第7章　利用者視点の交通政策

第1節　自由化の進展

　第1章では，交通政策の目的は効率と公正の達成にあるが，時代の流れに合わせて交通政策が変化してきたことについて概観した。その中では，交通インフラ整備が概成したこと，交通行政が事業者保護的な姿勢になってしまうため，利用者視点に立った交通政策の実行が非常に難しい現状について述べた。そして，その問題意識を受けて，交通問題の現状と政策に関する先行研究のサーベイを行った。そこでの先行研究を踏まえて，利用者視点からまだ解決されていない課題について考察した。

　第2章では，リサーチクエスチョンを明らかにし，利用者視点に関する先行研究のサーベイを行った。そして研究対象のモード（タクシー・高速道路・鉄道）における自由化の進展について概説し，経済学的な手法による交通サービスへのアプローチについて解説した。その過程では，タクシー・高速道路，鉄道において，それぞれ日本独自の進化を遂げてきたことが示された。また，さまざまな交通モードにおける事業者による新しい交通サービスの展開を紹介した。そして，利用者視点での交通政策が重要となっていることについて述べた。

　第1章，第2章で利用者視点の交通政策の重要性を確認したことで，ケーススタディとして第3章（タクシーの弾力運賃），第4章（高速道路の無料化），第5章（鉄道の災害リスク），第6章（地域交通の活性化）において，実際の政策の展開を踏まえつつ，料金・補助金政策や参入規制などの効果について分析を行った。こうした分析によって政策変更のインパクトや利用者・事業者の行動原理を明らかにすることができ，利用者の利便性をより高めることのできる政策の姿を描くことができた。

第2節 リサーチクエスチョンへの答え

第2章では，交通問題の現状と政策に関する議論を整理した。第3章以降でリサーチクエスチョンの答えを示した。第2章第2節に記載したリサーチクエスチョンを再掲する。

- 市場メカニズムを通じて社会的余剰の最大化をはかるという経済学の原理に照らして，現状をどう評価するか
- 人口減少・低成長下にはどのような形の公的関与（規制や財政支援など）のあり方が望ましいか

2.1 交通問題の現状と政策に対する知見

第2章では，交通問題について，交通インフラ整備と交通行政という2つの観点から概観した。交通インフラについては，限られた財源の中で，増大する需要に対して供給を行う必要性があったため，計画的な整備が求められた。その計画重視であったことが，インフラ活用の柔軟性を削ぐこととなった。整備が比較的概成し，「つくる」から「つかう」視点が重視されるようになり，駅スペース活用や高速道路のSA，PAの発展など，交通関連事業の活用がなされることとなった。

一方の交通行政については，事業者育成のために保護的な観点から許認可行政が行われてきた。自由な参入が制限され，限られた事業者が政治力を持つことから，政策が供給者重視になされる傾向にあった。例えば，弾力的な料金設定もなされないし，規制緩和もなかなか進展がみられない。そうした中で利用者視点に立った事業者の新しい取り組みについて紹介をした。

2.2 タクシーの弾力運賃におけるリサーチクエスチョンの答え

第3章は効率性の観点からタクシーの事例分析を行った。タクシーについては2002年に規制緩和が行われたものの2009年には規制強化の側面が強まり，2013年には規制を強化する法律が成立した。タクシー規制はなぜこんなに変

遷しているのか，規制の緩和・強化によって利用者の利便性が高まっているのだろうか，つまり「市場メカニズムを通じて社会的余剰の最大化をはかるという経済学の原理に照らして，現状をどう評価するか」というリサーチクエスチョンに対して，タクシー市場の需要と供給を一致させるように運賃が調整されていないのではないかと考え，需要関数の推定を行った。それによって，所得要因や景気要因よりも，4 km 運賃が需要に与える影響が大きいことがわかった。また，地域別分析からは，値下げ地域で需要が非弾力的，値上げ地域で弾力的という推定結果が得られており，輸送収入はますます減少するという事態に陥ることが示された。ここから，市場環境に応じた価格設定を行うことができるような規制緩和が必要という結論に至った。それによって均衡価格を達成し，社会的余剰の最大化を図ることが求められる。しかしながら，価格規制変更後（1996 年から 2011 年），4 km 運賃（名目）で値下げを行っているのは（連続してデータのある）67 都市のうち，5 都市のみであった。その間，タクシーの供給量は増えており，市場環境を考慮せずに値上げばかりがなされていくのはなぜなのかについて検討を行った。

　タクシーの供給量が増えたにもかかわらず運賃が下がらないのは，料金の決定に大手事業者の市場支配力が影響を及ぼしているためではないかとの仮説について検証した。それによって，集中度が高まると運賃も高まる関係性が得られた。つまり，再規制によって，すでに市場に参入している事業者が有利となっており，そうした事業者が更なる値上げを行うことが可能となっており，社会的余剰の最大化を図ることが困難となっている。

　「人口減少・低成長下にはどのような形の公的関与（規制や財政支援など）のあり方が望ましいか」というリサーチクエスチョンへの答えについて述べる。前半の分析からは，市場環境に応じた価格設定を行うことができるような規制緩和が必要という結論が導かれた。後半の分析からは，大手事業者の市場支配力に注視し，市場の動向についての監視が必要という結論が導かれた。

　規制緩和の本来の目的は民間活動を可能な限り市場原理に任せ，事業者間の活発な競争を通じて消費者利益を増大させることであったはずだ。それであるならば事業者の創意工夫が可能となる運賃設定を採用できる仕組みにしていくことが必要である。定額運賃やマタニティタクシーなど，新しい試みはでてき

ているものの，回数券や相乗りなど，新しいサービス提案が求められる。タクシーは地域内の公共交通機関として幅広い消費者ニーズに応えていかなければならないが，今後，事業のあり方を検討するにあたっては，このようなニーズに対応できるような，事業者の創意工夫を活かした運賃設定を可能とする仕組みの導入が求められる。

2.3　高速道路の無料化におけるリサーチクエスチョンの答え

　第4章は効率性の観点から高速道路の事例分析を行った。2009年の自民党から民主党への政権交代を経て，政治的熱気がある中で2010年に「高速道路無料化」が試行された。高速道路のあり方について長期的な展望も議論も経ないままに政策は実行されたが，十分な検証もなく東日本大震災によってこの政策は立ち消えとなった。本書では，利用者の利便性を高めることを目的として実施された高速道路無料化は，交通市場にどのような影響を及ぼしたのか，つまり，「市場メカニズムを通じて社会的余剰の最大化をはかるという経済学の原理に照らして，現状をどう評価するか」については，高速道路無料化によって，高速道路の渋滞や公共交通の利用減といったマイナス面も示され，外部不経済の発生によって多大な費用が追加的に発生していることが示された。

　このマイナス面について，無料化50路線を対象として，実験1ヶ月間における高速道路の渋滞発生状況や公共交通利用者の減少の有無について分析を行ったところ，全50区間のうち76%の38区間においてマイナス面の影響が出ていることが明らかになった。

　高速道路料金変更の全体的な影響としては，鉄道においては利用減に伴う収入減がみられた。また，フェリーにおいては航路の廃止や廃業を余儀なくされた事業者もあった。

　さらに他の交通機関への影響の現れ方についてロックイン効果や需要関数の考え方を示すとともに実際にデータのある一般道路について経年的な比較を行った。それによると無料化期間は一般道路の利用が減少すること，また無料化終了後もロックイン効果として一般道路から高速道路への転換がみられたことが示された。

　「人口減少・低成長下にはどのような形の公的関与（規制や財政支援など）

のあり方が望ましいか」というリサーチクエスチョンへの答えについて述べる。まず，高速道路の料金設定に際しては，公共交通への影響を十分に考慮するべきである。次に無料化によって渋滞するということは，料金が安すぎるということである。そこで，弾力性の高い地域では安い料金，弾力性の低い地域では高い料金など，地域の需要の弾力性に応じた適切な料金を設定すべきことが導かれる。もちろん，通行量の無料化は望ましい選択肢ではない。

　一方で，高速道路の料金変更によってこれまでの一律料金から転換する可能性が示されたことは重要である。国土幹線道路部会中間答申（2013年7月6日）では目指すべき方向性として，弾力的な料金施策などによる交通流動の最適化が挙げられるようになった。それを受けて，首都高では2016年4月から，近畿圏の高速道路では2017年6月から対距離制が導入された。引き続き，全国一律の料金体系ということから離れて，現行の料金水準を基本としつつ，地域の状況に応じた弾力的な料金設定へ移行することが期待される。

2.4　鉄道の災害リスクにおけるリサーチクエスチョンの答え

　第5章は公正性の観点から，鉄道の災害リスクの事例分析を行った。2011年3月11日の東日本大震災の発生により，多くの鉄道が被災し，その復旧が懸念された。「市場メカニズムを通じて社会的余剰の最大化をはかるという経済学の原理に照らして，現状をどう評価するか」というリサーチクエスチョンに対しては，利用可能性を確保することが，交通政策の公正という目的に合致することが示された。

　現状の支援制度からは，上下一体方式での運営においては，被災した赤字事業者に対して1/4の補助が認められているが，経営規模やそのときどきの被災の状況によっては，補助金支給を受けるものと受けないものがあるといったことが起きている。また，付保をすることで被災時に資金が確保できて，復旧する可能性を高めることができ，利用可能性を確保することができる。

　こうした分析を経て，「人口減少・低成長下にはどのような形の公的関与（規制や財政支援など）のあり方が望ましいか」というリサーチクエスチョンへの対応について述べる。

　代替路線が確保できず，上下一体方式による鉄道の復旧が必要と認められる

場合には，赤字の線区に対しては，被害規模に応じて弾力的に，1/4〜限りなく全額の補助率で補助を行うこと，ただし一定割合は事業者負担を設ける。黒字の線区に対しては，被害規模に応じて本則と同率の1/4の補助を行う。付保している事業者にのみ補助を行うことで，事業者の付保行動を促すべきと考えている。

補助制度が適切な形で定まれば，被災の度に廃線を心配することや，タイミングや事業者によって補助率に差が生じるという不公平感もなくなるであろう。

2.5 地域交通の活性化におけるリサーチクエスチョンの答え

第6章では，公正性の観点から，地域交通の活性化を取り上げた。「市場メカニズムを通じて社会的余剰の最大化を図るという経済学の原理に照らして，現状をどう評価するか」というリサーチクエスチョンに対しては，地域交通が減少傾向にあり，外部経済による地域経済の活性化をはかることができないことが示された。地域公共交通を支えるさまざまな支援制度が設立されたことを紹介し，そうした制度変更を受けて，地域交通活性化の事例を2つ紹介した。1つはスマホアプリを利用した自家用有償運送の取り組みである。2つは上下分離により，運営に専念することのできる鉄道事業者が観光振興や交通体系の改善を行っていくことによって地域活性化を行っている取り組みである。こうした地域交通を確保することにより，地域経済が活性化され，社会的余剰の最大化をはかることが期待される。

こうした事例を踏まえて，「人口減少・低成長下にはどのような形の公的関与（規制や財政支援など）のあり方が望ましいか」というリサーチクエスチョンについては，新しい技術を活用すること，民間の創意工夫を積極的に促すこと，利用者視点に立って地域交通政策を展開していくことが必要であること，地域交通を担う主体を増やすことが必要であることが示された。

また，ライドシェアの安全に関する懸念については，一定区域に限りライドシェアの社会実験を行い，ライドシェアの安全を確認していくべきという政策提言を行った。それによって安全水準を確認し，全国展開するための足掛かりとすることが期待される。

また，地域交通を考える際にはさまざまな課題が存在する。地元事業者の反

対，地方交通線の財源負担，交通インフラ整備の優先順位，冗長性の視点，都市と交通の関係性といった課題を示し，解決策の考えられるものについては解決策を提示した。解決策のないものについては，今後の課題としたい。

第3節　政策提言と今後の課題

3.1　全体としての政策提言

　本書では，利用者視点に立った交通が重要であるとの問題意識に基づき，価格変化による交通サービス需要の変動に関する事例分析（タクシーの弾力運賃と高速道路の無料化）と地域における交通サービスの保障に関する事例分析（鉄道の災害リスクと地域交通の活性化）を行った。

　市場メカニズムを通じて社会的余剰の最大化をはかるという経済学の原理に照らして，現状をどう評価するか，人口減少・低成長下にはどのような形の公的関与（規制や財政支援など）のあり方が望ましいかを考察した。分析を通じて今の規制や料金，補助金政策などのどこに問題点があるか，それを踏まえてどのように政策を見直せばよいかについて明らかにすることができた。

　第1に，交通政策は利用者視点に立って行っていくべきものである。交通サービスの需要と供給においては，価格メカニズムの最大限の活用が必要である。価格が弾力的に設定されることによって市場が調整されることが望ましい。新規参入が自由に行われ，市場が競争的であることが必要である。交通分野においても民営化や規制緩和を通じて市場の領域は拡大しているのであり，民間の創意工夫を生かすことのできる交通政策を実行していくべきである。事業者も利用者ニーズを考慮し，情報通信技術やソフト的な施策を行うことで利用拡大をはかっている。地域においても交通手段の利用減や担い手不足といった問題に直面し，地域の活力不足に陥っている。そうした中で新しい交通サービスを導入することで課題解決に取り組んでいる地域もある。これからますます人口減少や少子高齢化によって陸上交通の利用が低下トレンドを続けることが予想される。であればこそ，競争を通じて創意工夫あふれる事業者が現れ，交通サービスの技術革新が起こっていくことを支援するような利用者視点に立った交通政策を行っていくことが必要だ。人々の移動が増え，市場の拡大を通じて地

域が活性化していく。まちが魅力的になる。人口減の時代にこそ，経済学の豊かな知見にもとづく交通政策の挑戦が欠かせない。

第2に，政治的に翻弄されることなく，交通政策を行う際の目的を明確化することが求められる。利用者重視の交通政策を行うのであれば，その政策が本当に利用者重視に結びついているのかを検証しなければならない。何か問題が生じた際に，事業者目線の政策に陥らないよう，注意が必要である。時に事業者は大きな政治力を持つことがあるが，その政策を行うことが利用者のためになるのか検討すべきである。利用者を軽視した政策展開を行っていれば，国民の厚生は高まらない。ライドシェアの安全性に関する懸念については，特区制度を活用し，実際の安全性を確認してはどうだろうか。そして全国展開するための足がかりとしてはどうだろうか。

社会的余剰を高める政策を行うことによって，市場が拡大し，経済が活性化していく。また，民営化や規制緩和によって市場領域は拡大しているのであり，そうした市場領域は政治の裁量にではなく，市場の力に委ねるべきである。

第3に，交通政策は一貫して体系だったものが行われるべきである。利用者からすれば，平常時であれ災害時であれ，インフラの提供主体が民間であれ公共であれ，利用しやすい交通体系が整備されていることが重要である。被災の規模によって見直しをしていくのではなく，利用者視点に立って，災害時における制度を見直していくことが行われるべきである。

まとめると，人々が移動することで地域が活性化し，経済が拡大していく。まちも魅力的になる。人々が移動する際には，制約が少ないことが望ましい。事業者の既得権益や行政の論理があるにしても，利用者視点を重視した交通政策を行っていくことが重要である。利便性の高い交通体系が整備されることで，人々が安心して移動することができるようになる。それによって，生活が豊かになり，地域が発展する。人々がさらに移動することによって，経済が循環し，拡大していく。そうしたより良い循環をつくっていくことができるような政策展開が求められる。

3.2 個別モードにおける政策提言

第7章3.1でみたように，利用者視点に立った交通政策を行うことが重要で

ある。

　タクシーについては，利用者利便性を考慮した制度設計を検討する必要がある。運賃においては事業者に裁量性を持たせた運賃にすべきではないだろうか。例えば，加算運賃の距離をもう少し短くし，利用距離に合わせた運賃にできないだろうか。また，複数回割引運賃や定額運賃など，事業者の創意工夫によって提示できる運賃は無数にあると思われる。今はそうした事業者の創意工夫がまったくできない仕組みとなっており，利用者利便性の向上，市場拡大につながらない。

　参入規制についても，一律で台数を削減する方法が本当に適切なのか，良い運転手を残し，悪質な運転手を退出させる政策がどうすれば実施できるのか検討していく必要がある。

　自家用有償運送は過疎地限定とされてしまっているが，その拡大の方向性はないのだろうか。地元の業界団体の反発などで政策実現が困難となっている。反対した既存事業者が営業していないエリアであっても，反対の意見が通ってしまう。

　ライドシェアの安全に対する懸念については特区制度を活用し，安全に対する確認を行った後，全国展開を進めてはどうだろうか。自動運転技術の高まりも今後は想定される。そのときの旅客運送のあり方を考えていかなければならない。

　高速道路においては，一律料金からの変更可能性が示された。料金が高すぎてだれも使わない道路であるよりは，需要の弾力性に応じた料金設定を行い，一般道路の渋滞緩和や利用者の速達性を目指す方が効率性にかなう。そうした料金設定のあり方について検討していく必要がある。通行料を無料化せず，永続的に償還が行われていくことが求められる。

　鉄道については，交通インフラが公的所有か民間所有なのかといった点にかかわらず，利用者視点に立てば，同じように復旧していくことが望ましいと考えられる。鉄道事業者によるリスクへの備えを適切に活用しながら災害復旧を行っていくことが必要である。災害復旧に際して補助金支給の統一性を高めることによって鉄道事業者の保険への備えを行うことのできる政策を行うべきである。

これからもさまざまな制度変更のインパクトや，利用者・事業者の行動原理の解明のためには市場環境や事業者のインセンティブを考慮して，経済学的な手法に基づく分析を行うことが重要と思われる。そうした分析によって，政策変更のインパクトや利用者・事業者の行動原理を明らかにし，より利用者視点に立った交通政策の姿を描いていくことに貢献することができると考える。

3.3　課題と今後の展望

　課題と今後の展望について述べる。課題としては，市場における需給の状況などに基づく弾力的な料金設定をどのように行っていくべきか，そのような枠組みをどのように構築していくかという点がある。また，料金，規制，存続について，地域や交通機関との連携をどのようにつくっていくかという点がある。

　タクシーにおいては，流し主体であるのか，呼び出し主体であるのかによって，地域別にとるべき政策は異なる。今のような全国一律のタクシー規制のあり方から，地域別規制のあり方に踏み出していくべきである。地域別にタクシー行政を行う主体が求められている。

　高速道路においては，債務返済をどのように行っていくかという点や，地域別に高速道路料金の高い地域，安い地域があったときに，その公平性をどう考えるか，という問題がある。その際に，これまでの整備費に基づいて地域別に債務を割り振ることができればある程度の公平性が確保されるが，地域の定義など，実現性についての検討がさらに求められる。

　鉄道においては，鉄道の復旧が必要と認められる場合についての政策提言を行った。鉄道の復旧が必要という地域の合意をどのように形成していくのかは大きな課題である。「地域に鉄道があるといいな」と思うことと，実際に利用することの間には大きな差があるからである。立派な鉄道が復旧したとしても利用されなければ完全な無駄となってしまう。三陸鉄道とJR山田線のあり方について検討されている一方で，三陸縦貫自動車道の整備が決定した。鉄道と道路，その他の交通モードを組み合わせて移動の利便性を利用者視点で高めていくことは，重要なテーマである。災害復旧計画の中で，地域の土地利用，交通利用計画の中に鉄道利用を位置づけ，長く利用され愛される鉄道となっていくことが重要である。そうした地域と鉄道・道路・他の交通機関との連携のあ

り方について事例を蓄積し，検討していくことが望ましい。

　地域交通の活性化という観点においては，既存事業者の反対をどう乗り越えていくか，という問題がある。交通事業計画作成に際して，行政や事業者だけでなく，住民の参加も強く求められる。また，地方交通線問題の解決策として地域負担を認めた場合に，その地域負担にどのように応えていくかという問題がある。交通インフラ整備の優先順位も，どのインフラを維持・運営し続けていくかという問いに答えを見出すことは難しい。交通インフラには冗長性の観点があるため，その問題はさらに複雑になっていく。都市と交通を一体的に考えていく取り組みが求められる。

　このようにみていくと，さまざまな交通モードと地域交通計画を一体として考えることのできる仕組みが必要であることがわかる。各種の交通モードをそれぞれ縦割りだけでなく横割りでみていくことが必要である。そして地域交通計画と地域開発計画との関係性を一緒に考えていく仕組みが必要である。

　自由化の進展によって公的規制の領域が狭まることで，政策の分権化が進展していくことが予想される。利用者視点に立った交通政策を進めていくことで，利用者に近いところでの政策が展開されるべきである。利用者視点と地域振興を両立させる交通政策はどういうものか，今後も検討を続けていきたい。

参考文献

青木亮（1995）「タクシー事業における規制緩和政策導入の可能性—スウェーデン，英国の事例を参考として—」『高速道路と自動車』第 38 巻第 6 号，pp. 27-33.

朝日新聞社（2011）『WEB 民力』.

朝日新聞デジタル（2015）「着陸料，乗客数で変動へ　民営化する仙台空港が新手法」（2015 年 12 月 24 日）（http://www.asahi.com/articles/ASHDR4VTTHDRULFA005.html）（2015 年 12 月 25 日参照）.

荒井征人（2011）「都市間高速バスにおける高速道路無料化社会実験の影響」『運輸と経済』第 71 巻第 9 号，pp. 65-72.

一色昭造（2014）「瀬戸内海航路の維持と今後の展望（インタビュー）」『運輸と経済』，第 74 巻第 5 号，pp. 40-45.

一般社団法人全国ハイヤー・タクシー連合会ホームページ（http://www.taxi-japan.or.jp/content/?p=article&c=2199&a=6#）（2017 年 10 月 2 日参照）.

一般社団法人東京ハイヤー・タクシー協会（2018）『東京のタクシー 2018』.

植草益（1991）『公的規制の経済学』筑摩書房.

内田傑・平田輝満・松野由希・尹鍾進・末吉徹也（2009a）「交通施設の災害復旧に対するリスクファイナンスと公的負担制度に関する現状と課題」『運輸政策研究』Vol. 12，No. 2，pp. 71-77.

内田傑・平田輝満・松野由希・尹鍾進・森地茂（2009b）「交通施設の災害復旧に対するリスクファイナンスと公的負担制度に関する現状と課題」第 40 回土木計画学研究発表会.

運輸政策審議会（1971）「大都市交通におけるバス・タクシーに関する答申」昭和 46 年 8 月 20 日，運輸省編.

運輸政策審議会答申（1993）「今後のタクシー事業のあり方について」.

運輸省（1995）『運輸経済年次報告』.

衛藤卓也（1988）「交通インフラ・交通サービスとその供給方式：公共財・私的財・価値財概念の適用」『国民経済雑誌』158（5），pp. 15-34.

NPO 法人『気張る！　ふるさと丹後町』，理事長　村上正宏，安全運行管理者（専務理事）東和彦（2016）「ささえ合い交通について」.

大井尚司（2017）「地方公共交通における鉄道の役割と持続可能性について—国鉄改

革 30 年後の鉄道の現状と将来」『運輸と経済』第 77 巻第 3 号，pp. 67-74.

大谷悟・安達豊（2001）「社会資本整備におけるリスクに関する研究」『国土交通政策研究』第 4 号.

岡野行秀（1992）「第 1 章　交通サービスの特徴と交通政策の目的」藤井彌太郎・中条潮編『現代交通政策』1992 年初版，2001 年第 9 刷，東京大学出版会，pp. 3-7.

奥野正寛編著（2008）『ミクロ経済学』東京大学出版会，2008 年初版，2014 年第 6 刷，pp. 163-165.

小野芳計・田中由紀・中野宏幸（2005）「タクシー産業の規制緩和について」『交通学研究 2005 年研究年報』，pp. 201-210.

株式会社企画開発（2008）「タクシー事業に係る価格変動及び価格弾力性に関する調査分析報告書」消費者庁（http://dl.ndl.go.jp/info:ndljp/pid/1167188）（2012 年 12 月 15 日参照）.

金本良嗣・山内弘隆（1995）『講座・公的規制と産業④　交通』NTT 出版，p. 417.

京都丹後鉄道・WILLER TRAINS（2016）「WILLER TRAINS 会社概要」.

黒川和美（1987）『公共部門と公共選択』1987 年初版，1993 年第 2 版第 1 刷，三嶺書房.

黒川和美・大岩雄次郎・関谷登（1993）『テキストブック現代経済政策』有斐閣ブックス.

厚生労働省（各年版）『一般職業紹介状況』.

厚生労働省（2016）「平成 28 年（2016）人口動態統計の年間推計」（http://www.mhlw.go.jp/toukei/saikin/hw/jinkou/suikei16/）（2017 年 2 月 27 日参照）.

高速道路調査会（各月版）「高速道路統計月報」『高速道路と自動車』

高速道路のあり方検討有識者委員会（2011a）「無料化社会実験の検証について（たたき台）」第 8 回，国土交通省（http://www.mlit.go.jp/road/ir/ir-council/hw_arikata/doc8.html）（2014 年 12 月 5 日参照）.

高速道路の料金制度に関する研究委員会（2011b）「高速道路の料金制度に関する研究委員会中間報告書」（平成 23 年 8 月発表）財団法人高速道路調査会，経済・経営研究部会，高速道路の料金制度に関する研究委員会（http://www.express-highway.or.jp/jigyo/kenkyu/report/2011080803.pdf）（2014 年 12 月 5 日参照）.

交通政策審議会（2008）「タクシー事業を巡る諸問題への対策について答申～地域の公共交通機関としてのタクシーの維持，活性化を目指して～」（平成 20 年 12 月 18 日発表），国土交通省（http://www.mlit.go.jp/common/000029293.pdf）（2012 年 12 月 15 日参照）.

国土幹線道路部会（2013）「社会資本整備審議会 道路分科会国土幹線道路部会中間答

参考文献　　179

申」（2013 年 6 月 25 日 発 表）（http://www.mlit.go.jp/common/001001968.pdf）
　（2014 年 11 月 27 日参照）.

国土幹線道路部会（2014）「委員意見・ヒアリング概要等と論点整理（案）」第 17 回
　（2014 年 11 月 28 日発表），国土交通省（http://www.mlit.go.jp/common/001062
　226.pdf）（2014 年 12 月 5 日参照）.

国土交通省（2003a）「道路関係四公団民営化の基本的枠組み〈平成 15 年 12 月 22 日
　政府・与党申し合わせ〉（概要）」（http://www.mlit.go.jp/kisha/kisha03/06/0612
　22/02.pdf）（2014 年 6 月 13 日参照）.

国土交通省（2003b）「国土交通省用語解説ページ」（http://www.mlit.go.jp/yougo/j-r.
　html）（2017 年 8 月 30 日参照）.

国土交通省（2005）「産業・経営の問題」交通政策審議会陸上交通分科会自動車交通
　部会，タクシーサービスの将来ビジョン小委員会第 2 回（http://www.mlit.go.jp/
　singikai/koutusin/rikujou/jidosha/taxi/02/images/04.pdf）（2016 年 2 月 10 日 参
　照）.

国土交通省（2010a）「高速道路無料化社会実験区間の渋滞発生状況」（http://www.
　mlit.go.jp/common/000121603.pdf）（2010 年 9 月 10 日参照）.

国土交通省（2010b）「高速道路無料化社会実験区間に並行する主な鉄道の利用実
　績」（http://www.mlit.go.jp/common/000121605.pdf）（2010 年 9 月 10 日参照）.

国土交通省（2010c）「高速道路無料化社会実験区間に並行する主な高速バスの利用実
　績」.

国土交通省（2010d）「鉄道輸送統計月報」（平成 22 年 3 月）.

国土交通省（2011a）「平成 23 年度 高速道路の原則無料化社会実験計画（案）」（平成
　23 年 2 月 9 日）（http://www.mlit.go.jp/common/000135200.pdf）（2010 年 9 月 10
　日参照）.

国土交通省（2011b）「高速道路無料化社会実験開始後の状況（過去の資料）」
　（http://www.mlit.go.jp/road/road_fr4_000013.html）（2014 年 12 月 5 日参照）.

国土交通省（2011c）「道路事業の事業主体・施行区分に係る参考資料」（http://www.
　mlit.go.jp/common/000145602.pdf）（2014 年 6 月 13 日参照）.

国土交通省（2011d）「新規事業採択時評価結果（平成 23 年度新規事業化箇所）」
　（http://www.mlit.go.jp/tec/hyouka/public/110201gaiyou2.pdf）（2014 年 6 月 13
　日参照）.

国土交通省（2011e）「交通（人流・物流）の概況」（2011 年 9 月）（http://www.mlit.
　go.jp/common/000166169.pdf）（2016 年 5 月 16 日参照）.

国土交通省（2012a）「東北地方の高速道路の無料開放　4 月以降の扱いについて」

（2012 年 3 月 22 日）（ http://www.mlit.go.jp/report/press/road01_hh_000249. html）（2014 年 11 月 27 日参照）.

国土交通省（2012b）「鉄道軌道整備法施行規則の一部を改正する省令案　新旧対象条文」2012 年 3 月 8 日.

国土交通省（2013a）「第 5 回（2010 年）全国幹線旅客純流動調査　幹線旅客流動の実態～全国幹線旅客純流動データの分析～」（http://www.mlit.go.jp/common/ 001005632.pdf）（2016 年 1 月 24 日参照）.

国土交通省（2013b）「高速道路の無料化社会実験」（http://www.mlit.go.jp/road/ road_fr4_000009.html）（2014 年 11 月 27 日参照）.

国土交通省（2013c）「中央新幹線の営業主体及び建設主体の指名並びに整備計画の決定について」答申（平成 23 年 5 月 12 日）交通政策審議会陸上交通分科会鉄道部会中央新幹線小委員会（https://www.mlit.go.jp/common/000144328.pdf）（2017 年 8 月 14 日参照）.

国土交通省道路局（2015）「首都圏の新たな高速道路料金に関する具体方針（案）」（平成 27 年 9 月 11 日）（http://www.mlit.go.jp/common/001104396.pdf）（2017 年 8 月 14 日参照）.

国土交通省自動車交通局（各年版）『数字でみる自動車』全国乗用自動車連合会.

国土交通省鉄道局（2007）『平成十九年度　鉄道要覧』.

国土交通省鉄道局（2009）『平成十九年度　鉄道統計年報』.

国土交通省東京外かく環状国道事務所（2005）「第 4 回　東京外かく環状道路の計画に関する技術専門委員会」費用便益分析に関する感度分析（2005 年 6 月 2 日）（http://www.ktr.mlit.go.jp/gaikan/pi_kouhou/gijyutsuiinkai/04/s3.pdf）（2014 年 6 月 13 日参照）.

後藤孝夫（2012）「タクシーサービスの需要分析と規制政策の課題—福岡市・北九州市のデータをもとに」『交通学研究 2011 年研究年報』, pp. 103-112.

小林潔司編（2003）「道路施設の災害リスクファイナンスに関する研究」『道経研究シリーズ』A-101, 道路経済研究所.

小林潔司編（2004）「道路施設の災害リスクファイナンスに関する研究　2」『道経研究シリーズ』A-113, 道路経済研究所.

小林潔司編（2005）「道路施設の災害リスクファイナンスに関する研究　3」『道経研究シリーズ』A-124, 道路経済研究所.

財団法人運輸経済研究センター（1990）『戦後日本の交通政策—経済成長の歩みとともに』白桃書房.

財団法人運輸振興協会・運輸省自動車交通局監修（1994）「運輸政策審議会答申の記

録―今後のタクシー事業のあり方について―」平成6年11月.

斎藤峻彦（2011）「交通システムと交通市場」日本交通学会編『交通経済ハンドブック』白桃書房，pp. 10-11.

斎藤峻彦（2013）「旅客鉄道事業」『運輸と経済』第73巻第4号，pp. 16-19.

斎藤峻彦（2014）「交通政策と経済学の関係強化の方向性」『運輸と経済』第74巻第2号，pp. 122-124.

自交総連本部・自交総連本部顧問弁護団（2016）「ライドシェアの合法化に反対する意見書（ライドシェアの合法化に関する法的検討）」（http://www.jikosoren.jp/seisaku/2016/rideshare.html）（2017年10月1日参照）.

社団法人東京乗用旅客自動車協会（2010）『東旅協50年史』.

社団法人東京乗用旅客自動車協会（2012）『東京のタクシー2012（タクシー白書シリーズ）』.

正司健一・近藤勝直（1995）「震災と交通体系」『交通学研究』1995年研究年報，pp. 35-50.

杉山雅洋（2013）「高速道路をめぐるいくつかの論点」『高速道路と自動車』第56巻第1号，pp. 19-22.

清野一治・金本良嗣（1989）「第1章　交通料金」奥野正寛・篠原総一・金本良嗣編『交通政策の経済学』日本経済新聞社，pp. 27-47.

瀬本浩史・山田哲也・江岡幸司・渡真利諭（2006）「社会資本運営における金融手法を用いた自然災害リスク平準化に関する研究」『国土交通政策研究』第62号.

全国道路利用者会議（各年版）『道路ポケットブック』.

全国ハイヤー・タクシー連合会（各年版）『ハイヤータクシー年鑑』（株）東京交通新聞社.

全国ハイヤー・タクシー連合会（2006年版，2008年版）『全国ハイヤータクシー名鑑』（株）東京交通新聞社.

全国乗用自動車連合会（2000）『全国ハイヤータクシー名鑑』（株）交通読売新聞社.

全国高速道路建設協議会（2009）『高速道路便覧』，p. 314.

総務省統計局（各年版）『国勢調査』.

総務省（各年版）『小売物価統計調査』.

総務省（各年版）『統計でみる市区町村のすがた』.

総務省（2010）「平成22年基準消費者物価指数作成関係資料」（http://www.stat.go.jp/data/cpi/2010/kaisetsu/pdf/4-1.pdf）（2013年12月21日参照）.

高田邦道（2000）『CO_2と交通　TDM戦略からのアプローチ』交通新聞社.

田邉勝巳（2013）「タクシー産業における規制緩和後の新規参入と退出の要因分析

（Discussion Paper）」『タクシー政策研究』創刊号 2013，pp. 53-64.

田中壮一（2014）「観光面からの地域活性化の役割を担う「乗ること自体が目的となる列車」の企画開発」『運輸と経済』第 74 巻第 10 号，pp. 47-53.

谷島賢・坂本邦宏（2014）「『見える化』によるバス事業改善の取り組み」『運輸と経済』第 72 巻第 4 号，pp. 66-72.

TKC ローライブラリー（http://www.tkc.jp/law/lawlibrary）LEX/DB 文献番号 25541777.

東北の鉄道震災復興誌編集委員会（2012）『よみがえれ！　みちのくの鉄道　～東日本大震災からの復興の軌跡～』株式会社デイリー・インフォメーション東北支社.

泊尚志（2012）「タクシー事業規制の変遷下での東京都心におけるタクシー交通需要の分析」『運輸政策研究』Vol. 15, No. 2, 2012，pp. 77-81.

道路行政研究会編（各年版）『道路行政』全国道路利用者会議.

道路関係四公団民営化推進委員会（2002a）「6. 自動車交通需要推計の見直し」（第 3 回）ヒアリング資料（2002 年 7 月 1 日発表）（http://www.kantei.go.jp/jp/singi/road/dai3/3siryou6.pdf）（2014 年 11 月 27 日参照）.

道路関係四公団民営化推進委員会（2002b）「新たな交通需要推計の手法について」（http://www.kantei.go.jp/jp/singi/road/dai10/10siryou3-3.pdf）（2014 年 11 月 27 日参照）.

独立行政法人中小企業基盤整備機構（各年版）『中小企業景況調査データ』.

土木学会編（1991）『交通整備制度—仕組と課題—改訂版』社団法人土木学会，p. 351.

土木学会編（2010）『交通社会資本制度　仕組と課題』社団法人土木学会，p. 344.

中条潮（1992）「第 4 章　公共性と市場介入」藤井彌太郎・中条潮編『現代交通政策』1992 年初版，2001 年第 9 刷，東京大学出版会，pp. 45-65.

仲義雄（2014）「クルーズトレイン「ななつ星 in 九州」の七つの感動」『運輸と経済』第 74 巻第 10 号，pp. 39-46.

内閣府（2007）「タクシー事業に係る主な国等の取組みについて」物価安定政策会議総会.

内閣府「資料 2　現行の料金設定方式等」（http://www.caa.go.jp/seikatsu/2002/0625butsuan/shiryo02.pdf）（2015 年 1 月 24 日参照）.

日本経済新聞（2015a）「ライドシェア検証実験中止　米ウーバー，国交省指導受け」（2015 年 3 月 6 日付）（http://www.nikkei.com/article/DGXLASDG06H5S_W5A300C1CR8000/）（2016 年 1 月 8 日参照）.

日本経済新聞（2015b）「日本交通，タクシー客に動画広告　視聴なら割り引き」（2015 年 4 月 6 日付）（http://www.nikkei.com/article/DGXLZO85319200W5A400

C1TJC000/）（2016 年 1 月 8 日参照）．

日本経済新聞（2016a）「日本交通，タクシー乗車クーポンをスマホ配信」（2016 年 1
月 6 日 22 時 20 分）（http://www.nikkei.com/article/DGXLASDZ06HNB_W6A100
C1TI5000/）（2016 年 1 月 8 日参照）．

日本経済新聞（2016b）「米ウーバーに黄信号　富山での実験，市が予算撤回」（2016
年 3 月 24 日 6 時 30 分）（http://www.nikkei.com/article/DGXMZO98698530S6
A320C1000000/）（2017 年 8 月 23 日参照）．

野村宗訓（1993）『民営化政策と市場経済―イギリスにおける競争促進と政府介入』
税務経理協会．

東日本大震災復興対策本部（2011）「各府省の事業計画と工程表のとりまとめ」（平成
23 年 8 月 26 日 発 表）（http://www.reconstruction.go.jp/topics/01_1_2set.pdf）
（2011 年 9 月 10 日参照）．

藤井秀登（2013）「航空産業における ICT の進展とレベニュー・マネジメント」『運
輸と経済』第 74 巻第 10 号，pp. 28-38.

藤井彌太郎・中条潮（2001）『現代交通政策』東京大学出版会.

藤井彌太郎（2001）「第 1 章　交通事業の公共性」藤井彌太郎・中条潮・太田和博編
『自由化時代の交通政策　現代交通政策 II』東京大学出版会，pp. 11-27.

堀雅通（2002）「交通サービスの特性と公共交通政策―交通の利用可能性が有する公
共財的特性の考察」『作新地域発展研究』2，pp. 29-46.

毎日新聞（2015）「格安タクシー：国定めた運賃「実態考慮せず違法」大阪地裁」
（2015 年 11 月 20 日 23 時 29 分）（http://mainichi.jp/select/news/20151121k0000
m040149000c.html）（2015 年 11 月 22 日参照）．

松野由希（2010a）『フランスの地方分権と日本への教訓』ITPS report 201002，運輸
政策研究所．

松野由希（2010b）「高速道路の料金体系はいかにあるべきか～無料化・上限制より
も 地域に応じた弾力的な料金設定を～」『PHP Policy Review』，Vol. 4, No. 36,
2010 年 10 月 8 日，pp. 1-12.

松野由希（2012）「鉄道施設とリスクファイナンス」『交通学研究 2011 年研究年報』，
pp. 63-72.

松野由希（2013a）「ニュージーランドのタクシー規制の動向」『運輸と経済』第 73 巻
第 2 号，pp. 83-85.

松野由希（2013b）「規制緩和後のタクシーの料金と需要に関する分析（Discussion
Paper）」『タクシー政策研究』創刊号 2013，pp. 99-108.

松野由希（2014a）「運賃設定の規制緩和がタクシー市場に与えた影響（Discussion

Paper）」『タクシー政策研究』第 2 号 2014，pp. 73-83.

松野由希（2014b）「タクシー事業の規制緩和と料金決定：市場構造に着目した分析」『交通学研究』（2013 年研究年報），pp. 105-112.

松野由希（2014c）「カリフォルニアにおけるスマホアプリを活用したタクシー類似サービスに対する規制の動向」『運輸と経済』第 74 巻第 5 号，pp. 112-116.

松野由希（2015）「タクシーの規制緩和に伴う料金と需要の動向―都市パネルデータ分析より―」『経済政策ジャーナル』第 11 巻第 2 号，pp. 27-30.

松野由希（2017）「第 4 章　地方部・過疎地のタクシーの現状と背景」太田和博・青木亮・後藤孝夫編『総合研究　日本のタクシー産業―現状と変革に向けての分析』慶応義塾大学出版会，pp. 55-73.

宮川公男（2011）「高速道路　なぜ料金を払うのか　高速道路問題を正しく理解する」『東洋経済』.

森昌文・石田東生・竹内健蔵・大串葉子・太田和博（2013）「座談会：国土幹線道路部会中間答申をどう読み解くか」『運輸と経済』第 73 巻第 9 号，pp. 4-15.

森地茂（2011）「東日本大震災復興と今後の災害に備えた交通・社会資本の防災対策」『運輸と経済』第 71 巻第 8 号，pp. 53-56.

森雅志（2014）「公共交通を軸としたコンパクトなまちづくり―コンパクトシティ戦略による富山型都市経営の構築―（講演）」『運輸と経済』第 74 巻第 4 号，pp. 169-180.

モーリング, ハーバード, 藤岡明房・萩原清子監訳（1987）『交通経済学』勁草書房.

山本哲三・松尾勝（1993）『規制緩和と民営化』東洋経済新報社.

山本哲三（2009）「タクシー産業の再生に向けて―再規制への疑義―」『産業経営』第 45 号，2009 年 12 月，pp. 3-23.

山内弘隆（1977）「運輸産業における規制改革の方向」『交通学研究』1997 年研究年報，pp. 1-10.

山内弘隆（1983）「タクシー規制の考え方」『運輸と経済』第 43 巻第 4 号，pp. 16-21.

山内弘隆（1987）「道路の車種別費用負担について―高速道路料金へのラムゼー価格の適用―」『高速道路と自動車』第 30 巻第 9 号，pp. 24-32.

山内弘隆（2014）「新しい社会的要請に応える交通事業」『運輸と経済』第 74 巻第 4 号，pp. 2-3.

山内弘隆（2015）「規制緩和の『想い出』」『運輸と経済』第 75 巻第 4 号，pp. 2-3.

山崎治（2009）「タクシー事業」『経済分野における規制改革の影響と対策』pp. 31-49.

横山彰（1983）「第 4 章　政府―大きな政府への誘因」加藤寛編『入門　公共選択―

政治の経済学―』1983 年初版，1987 年初版第 4 刷，三嶺書房，pp. 99-128.

吉冨実（1996）「東京のタクシー運賃の価格弾力性について」『季刊 MOBILITY』，pp. 47-52.

リスクファイナンス研究会（2006）「リスクファイナンス研究会報告書：リスクファイナンスの普及に向けて」，経済産業省経済産業政策局.

臨時行政改革推進審議会（1992）「豊かなくらし部会報告（第 3 次）」平成 4 年 6 月 12 日.

臨時行政改革推進審議会（1992）「国際化対応・国民生活重視の行政改革に関する第 3 次答申」平成 4 年 6 月 19 日.

Browne, M. J., and R. E. Hoyt（2000）"The Demand for Flood Insurance: Empirical Evidence," *Journal of Risk and Uncertainty*, 20, pp. 291-306.

De Vany A.（1975）"Capacity Utilization under Alternative Regulatory Restraints: An Analysis of Taxi Markets," *Journal of Political Economy*, Vol. 83, No. 1, pp. 83-94.

European Union（2011），DIRECTIVE 2011/76/EU OF THE EUROPEAN PARLIAMENT AND OF THE COUNCIL of 27 September 2011 amending Directive 1999/62/EC on the charging of heavy goods vehicles for the use of certain infrastructures, Official Journal of the European Union.

Flath, D.（2006）"Taxicab regulation in Japan," *Journal of the Japanese and International Economies*, Vol. 20, pp. 288-304.

Gaunt, C.（1996）"The impact of taxi deregulation on small urban areas: some New Zealand evidence," *Transport Policy*, 2, pp. 257-262.

Grace, M. F., Klein R. W., and P. R. Kleindorfer（2004）"Homeowners Insurance with Bundled Catastrophe Coverage," *Journal of Risk and Uncertainty*, 71, pp. 351-379.

Hibbs, J.（1982）Transport without Politics···?, Hobart Paper 95, Institute of Economic Affairs, p. 95.

Holmstrom, B. and J. Tirole（1998），"Private and Public Supply of Liquidity," *Journal of Political Economy*, Vol. 106, No. 1, pp. 1-40.

Mohring, H.（1976）Transportation Economics, Ballinger Publishing Company, p. 162.

Mossin, J.（1968）"Aspects of Rational Insurance Purchasing," *Journal of Political Economy*, 76, pp. 553-568.

Parumog, M., Matsuno, Y. and N. Hibino（2009）"The coming of age of the first generation road funds: A comparison of the US Highway Trust Fund and the Japan Special Account for Road Improvement", Paris, June, 2009, pp. 1-11.

謝　辞

第3章　「タクシーの弾力運賃」

　第3章は，一般社団法人東京ハイヤー・タクシー協会において開催されている「タクシー政策研究会」の研究成果の一部である。作成にあたっては，タクシー政策研究会の太田和博先生（専修大学）はじめ参加者各位から貴重な助言を頂いた。「タクシー政策研究会」の研究成果の一部は，松野由希（2013b）「規制緩和後のタクシーの料金と需要に関する分析（Discussion Paper）」『タクシー政策研究』創刊号，pp. 99-108 ならびに松野由希（2014）「運賃設定の規制緩和がタクシー市場に与えた影響（Discussion Paper）」『タクシー政策研究』第2号，pp. 73-83 にも反映されている。また，2013年日本交通学会研究報告会では討論者の新納克広先生（奈良県立大学），2014年日本経済政策学会では後藤孝夫先生（近畿大学），フロアの方々，ならびに匿名の査読者から貴重なご意見を頂戴した。

第4章　「高速道路の無料化」

　第4章はPHP総合研究所における研究成果の一部である。PHP総合研究所における研究成果の一部は，松野由希（2010b）「高速道路の料金体系はいかにあるべきか～無料化・上限制よりも地域に応じた弾力的な料金設定を～」『PHP Policy Review』Vol. 4-No. 36, pp. 1-12 にも反映されている。作成に際しては永久寿夫氏・荒田英知氏から貴重なコメントを頂戴した。

第5章　「鉄道の災害リスク」

　第5章で利用したアンケートは，運輸政策研究所の共同研究である，「交通施設の災害復旧に対するリスクマネジメントと公的負担制度に関する研究」で収集したものを活用させて頂いている。共同研究を行った内田傑氏・平田輝満氏・尹鍾進氏と研究指導を賜った森地茂先生にここに記して感謝の意を表したい。さらに本報告にあたり貴重なコメントをくださった水谷文俊先生（神戸大学）に感謝申し上げる。

第6章　「地域交通の活性化」

　第6章では，以下の方々にヒアリングのご対応を頂いた。

　WILLER TRAINS 株式会社取締役管理本部長　布野剛氏。管理部総務人事課　丸山

桂氏。実施日 2016 年 8 月 26 日。

NPO 法人『気張る！　ふるさと丹後町』，安全運行管理者（専務理事）東和彦氏。
2016 年 8 月 25 日。

「ささえ合い交通」の運転手 2 名。2016 年 8 月 25 日。

京丹後市役所企画政策部企画制作課公共交通係係長　野木秀康氏。2016 年 8 月 25
日。

ここに記して御礼申し上げる。

全体

この論文の執筆にあたって，法政大学大学院の小峰隆夫先生，田町典子先生，池永
肇恵先生，杉田伸樹先生，梅溪健児先生には大変暖かく，かつ丁寧なご指導を頂いた。
また，博士論文審査小委員会委員の岡本義行先生，堀雅通先生（東洋大学）にも貴重
なご指摘を頂いた。執筆中は，故・黒川和美先生が，筆の遅い私に呆れつつも，いつ
も見守ってくださっていたように感じている。黒川由美子氏からは多くの励ましの言
葉をいただいた。記して謝意を表したい。本書の内容に関する一切の責任は筆者に帰
するものである。

索　引

ア 行

イールドマネジメント　48
インバウンド　26
永久有料制　31
オッズ比　137

カ 行

開発利益の還元　3
外部性　3
価格規制　38
下限割れ運賃　82
過少供給　19
価値欲求財　40
合併施行方式　106
過当競争　33
環境負荷　99
規制緩和　17
規制撤廃　17
既得権　12
休日普通車上限1,000円　99
休日普通車上限1,000円施策　15
クラブ制　42
公共財　3
公共選択論　14
高速道路の無料化　99
交通関連事業　8
交通手段間調整　4
交通手段の連携　9
交通需要管理　14
交通まちづくり　20
公定幅運賃　82
公平性　14
効率と公正の達成　3
コンテスタビリティ　94

コンテスタビリティ理論　17
コンパクトシティ　150

サ 行

採算性　3
先物需要　19, 27
参入規制　38
自家用有償運送　150
市場の失敗　17
市場メカニズム　17
自然独占　17
自然独占性　33
質的規制　19
自動運転　4
自動運転技術　173
支払意思額　113
社会的限界費用　30, 129
社会的限界便益　30
社会的余剰　26
社会欲求財　40
集合的行動（collective-action）　39
集中度　56
需給調整規制　12
需要の価格弾力性　113
需要予測　102
償還主義　101, 104
上下一体　10
上下分離　160
冗長性（リダンダンシー）　162
情報の非対称性　57
白タク　59
新直轄方式　99, 107
スプロール　162
スマホアプリ　4

政争の具　19
政府の失敗　17
全国プール管理　10
総括原価主義（full cost principle）　43
総括原価方式　4
操作変数　86
速達性　31
ゾーン運賃制　63
存在効果　20

タ　行
対距離課金　99
ダイナミックプライシング　22
弾力性　8
地域公共交通網形成計画　159
地域公共交通会議　152
小さな政府　34
超過利潤　13
搭乗率保証　11
道路公団民営化　99
道路整備特定財源制度　101
特区制度　173

ナ　行
内生性　86
内部補助　112
二項選択モデル　141
二部料金制　42
ネットワーク外部性　3
ネットワークの接続性　8

ハ　行
派生需要　3, 49
パネル分析　85
パレート最適　16
範囲の経済　10
ピークロードプライシング　12
本源的需要　49

マ　行
埋没費用　33
マキシミン原理　16
マーケティングデータ　51
マッチング　18
ミニマム　26
民営化　11
民間委託　11
無知のヴェール　16
免許制　19
モラルハザード　33, 140

ラ　行
ラムゼイ価格形成（Ramsey pricing）　27, 44
リスクファイナンス　32, 131
利用可能性（availability）　19, 26
レベニュー・マネジメント　48
レモン市場　83
ロジスティック回帰分析　141
ロックイン効果　100
ロールズ　16

著者略歴

淑徳大学コミュニティ政策学部助教。博士（政策学）
2000年3月法政大学経済学部卒業。2003年中央大学大学院博士前期課程修了（経済学修士）。2018年3月法政大学大学院政策創造研究科博士後期課程卒業。
2006年4月から2009年3月まで（財）運輸政策研究機構運輸政策研究所研究員，2009年4月から2011年3月まで（株）PHP研究所特任研究員，2011年4月から2012年3月まで東洋大学経済学部助教，2012年4月から2015年3月まで一般財団法人運輸調査局情報センター研究員。現在に至る。
主な著書は，『地域金融と地域づくり』（黒川和美・木村恒一・國田廣光・出口治明・松野由希，ぎょうせい），『〈首都圏〉住んで得する街ランキング50』（宮下量久・金坂成通・松野由希，PHP研究所）等。

利用者視点の交通政策
人口減少・低成長下時代をいかに生きるか

2018年12月15日　第1版第1刷発行

著者　松野　由希（まつの　ゆき）

発行者　井村　寿人

発行所　株式会社　勁草書房
112-0005 東京都文京区水道 2-1-1　振替 00150-2-175253
（編集）電話 03-3815-5277／FAX 03-3814-6968
（営業）電話 03-3814-6861／FAX 03-3814-6854
三秀舎・牧製本

© MATSUNO Yuki 2018

Printed in Japan

〈(社)出版者著作権管理機構　委託出版物〉
本書の無断複写は著作権法上での例外を除き禁じられています。複写される場合は，そのつど事前に，(社)出版者著作権管理機構（電話 03-3513-6969，FAX 03-3513-6979，e-mail: info@jcopy.or.jp）の許諾を得てください。

＊落丁本・乱丁本はお取替いたします。
http://www.keisoshobo.co.jp

利用者視点の交通政策
人口減少・低成長下時代をいかに生きるか

2024年9月20日　オンデマンド版発行

著　者　松　野　由　希

発行者　井　村　寿　人

発行所　株式会社　勁　草　書　房

112-0005 東京都文京区水道2-1-1　振替 00150-2-175253
（編集）電話 03-3815-5277／FAX 03-3814-6968
（営業）電話 03-3814-6861／FAX 03-3814-6854
印刷・製本　（株）デジタルパブリッシングサービス

©MATSUNO Yuki 2018　　　　　　　　　　　　　　AM289

ISBN978-4-326-98630-9　　Printed in Japan

|JCOPY| ＜出版者著作権管理機構 委託出版物＞

本書の無断複写は著作権法上での例外を除き禁じられています。
複写される場合は、そのつど事前に、出版者著作権管理機構
（電話 03-5244-5088、FAX 03-5244-5089、e-mail: info@jcopy.or.jp）
の許諾を得てください。

※落丁本・乱丁本はお取替いたします。
　　　　　https://www.keisoshobo.co.jp